El secreto de Cristóbal Colón

EL SECRETO DE CRISTÓBAL COLÓN

LA FLOTA TEMPLARIA Y EL DESCUBRIMIENTO DE AMÉRICA

DAVID HATCHER CHILDRESS

HISTORIA
incógnita

www.nowtilus.com
www.historiaincognita.com

Serie: **Nowtilus Saber**
Colección: **Historia Incógnita**
www.nowtilus.com
www.historiaincognita.com

Título de la obra: **El secreto de Cristóbal Colón (3ª Edición)**
Autor: © **David Hatcher Childress**

Editor: **Santos Rodríguez**
Responsable editorial: **Teresa Escarpenter**

Diseño y realización de cubiertas: **Carlos Peydró**
Diseño de interiores: **Juan Ignacio Cuesta Millán**
Maquetación: **Juan Ignacio Cuesta**
Producción: **Grupo ROS (www.rosmultimedia.com)**

Editado por **Ediciones Nowtilus, S.L.**
www.nowtilus.com
Copyright de la presente edición:
© **2005 Ediciones Nowtilus, S.L.**
Doña Juana I de Castilla, 44, 3º C, 28027-Madrid

ISBN: 84-9763-231-1
EAN: 978-849763231-7
Fecha: septiembre 2005

Impreso en España
Imprime: Imprenta Fareso, S. A.
Depósito Legal: M. 34.835-2005

ÍNDICE

Dedicado a Colón

Podría decirse que somos seres anfibios.

No estamos ligados exclusivamente a la tierra, sino también al mar.

ESTRABÓN, geógrafo griego.

No te dieron tiempo para aprender.
Te dejaron allí y te dijeron cuáles eran las normas.
La primera vez que te cogieron desprevenido te mataron.

ERNEST HEMINGWAY, *Adiós a las armas*

El mito del buen salvaje es una chorrada.
La gente nace para sobrevivir.
SAM PECKINPAH

CAPÍTULO **1** DIEZ MIL AÑOS
DE NAVEGACIÓN
Y PIRATERÍA

U MIENTRAS REALIZABA LABORES DE INVESTIGACIÓN HISTÓRICA y arqueológica para mi serie de libros *Ciudades perdidas,* empezaron a interesarme los caballeros templarios, las sociedades secretas y los viajes precolombinos a América. Cuando descubrí que gran parte del folclore moderno sobre los piratas tenía su origen en las historias sobre la flota perdida de los templarios, me hizo mucha ilusión intentar encontrar la relación entre dos de mis temas favoritos. Decidí seguir investigando.

Cualquier estudio sobre Colón debería empezar por los comienzos de la piratería, pero ¿de qué época estamos hablando? Como veremos a continuación, hay numerosas pruebas que indican que podría tratarse de una época muy temprana. Es más, podríamos conjeturar que la piratería se remonta a los comienzos mismos de la navegación.

Un tema sobre el que también se especula mucho es la cronología del desarrollo y la utilización de técnicas de navegación. Según los historiadores más ortodoxos, aunque el hombre primitivo tuviese embarcaciones y capacidad para pescar, el desarrollo de técnicas de navegación más complejas se produjo mucho después. Este punto de vista presenta a nuestros antepasados más primitivos como simios faltos de imaginación y temerosos del mar. Nuestra reconstrucción del pasado se basa en gran medida en cómo percibimos dicho pasado y a los seres humanos que vivieron en esa época. Si nos imaginamos al hombre primitivo como un explorador curioso e ingenioso, la idea de que no se interesase por el mar se nos antoja ridícula. A mi entender, el hombre se hizo a la mar muchos miles de años antes de lo que se suele creer.

Teniendo en cuenta que dos terceras partes de la superficie del planeta están cubiertas de agua, la capacidad de aprovecharse de dicho medio con ayuda de instrumentos de flotación como balsas, canoas, botes y barcos se le hubo de presentar al hombre como algo ventajoso.

Mares, ríos y lagos eran las autopistas de la Antigüedad. Bajar flotando por el río hasta una ciudad portuaria situada donde el río desemboca en el lago o en el mar sería mucho más sencillo que recorrer esa distancia por tierra. Viajar en barca bordeando la costa o la orilla de un lago sería indudablemente más rápido y seguro que atravesar poblaciones potencialmente hostiles o toparse con salteadores de caminos. Una vez demostrada la eficacia del viaje por agua, ¿qué le impedía al hombre surcar el mar para procurarse comida y comercio?

Pruebas de tráfico transoceánico en la Antigüedad

LOS HISTORIADORES MODERNOS SOSTIENEN que los continentes se poblaron gracias a tribus migratorias que se desplazaban en todas direcciones. Es muy posible que las dos Américas, Australia e incluso algunas islas de Indonesia fuesen colonizadas tras acceder a ellas a través de puentes de tierra firme. Pero ¿por qué limitar las exploraciones del pasado obligando a nuestros ancestros a cruzar los océanos por puentes de tierra firme?

Historiadores y arqueólogos consideran a la navegación uno de los puntos de referencia más tempranos de la civilización, y la fecha en que comenzó a utilizarse tan importante técnica no cesa de retroceder en el tiempo. Basta con decir que la navegación transoceánica tal como la conocemos actualmente lleva practicándose más de 6.000 años.

Un equipo de arqueólogos de la Universidad de Sidney, en Australia, sostiene que las pruebas de

El Mediterráneo Oriental.

la existencia de técnicas de navegación avanzada guardan relación directa con el hallazgo de huesos humanos de 30.000 años de antigüedad en una cueva submarina en la isla de Nueva Irlanda, al este de Papúa-Nueva Guinea, en el Pacífico. Según estos arqueólogos, aquellos hombres tuvieron que llegar a Nueva Irlanda por mar, pues no pudieron haber cruzado por ningún puente de tierra conocido.[20]

Existen pruebas irrefutables de que polinesios y micronesios surcaron vastas extensiones oceánicas en canoas con balancín: recorrieron más de tres veces la distancia entre África y Suramérica y poblaron las islas del Pacífico. Si los polinesios y otras culturas consiguieron atravesar enormes distancias oceánicas hace miles de años, ¿por qué los historiadores modernos se empeñan en hacernos creer que Cristóbal Colón fue el primero en cruzar el Atlántico?

Casi todo el mundo conoce la hipótesis que defiende que los vikingos llegaron con sus embarcaciones a Groenlandia y a la península del Labrador hace unos mil años, y los logros de Lief Erikson cada vez cuentan con más aceptación. Pero ¿es posible tomarse en serio propuestas más radicales, según las cuales unos monjes irlandeses podrían haber llegado a Norteamérica hace dos mil años, al igual que pudieron haberlo hecho antes pescadores vascos y portugueses, exploradores fenicios, griegos y romanos, buscadores de oro hebreos y comerciantes egipcios?

¿Imposible? ¿Por qué? ¿Tan infranqueable es el Atlántico? Se ha demostrado que no: hay quien lo ha cruzado en botes de remos, kayaks y hasta en simples balsas. Los antiguos navegantes del Mediterráneo se servían de embarcaciones muy superiores a las utilizadas por Colón para cruzar el Atlántico. ¿Por qué no pudieron haber emprendido un viaje transoceánico? Colón, en su segundo viaje al Nuevo Mundo, descubrió los restos de un barco europeo naufragado en la isla de Guadalupe, en las Indias Occidentales francesas.[49]

Para algunos historiadores, las pruebas de que los exploradores de la Antigüedad llegaron a América son abrumadoras. En 1976 José Roberto Teixeira, un submarinista brasileño, pescando cerca de un islote situado a poca distancia de la isla de Gobernador —en la bahía de Guanabara, cerca de Río de Janeiro— encontró tres ánforas romanas intactas en una zona en la que se habían hallado restos de varios naufragios, algunos de ellos fechados en el siglo XVI. Según contó, el lugar del descubrimiento estaba lleno de fragmentos de cerámica y de pedazos más grandes de otras ánforas.

El Instituto Brasileño de Arqueología se interesó por las ánforas y envió fotografías a la Smithsonian Institution, donde fueron identificadas como romanas. Más adelante, la profesora Elizabeth Lyding Will, del Departamento de Clásicas de la Universidad de Massachusetts-Amherst, determinó que las ánforas databan del siglo II o I a.C., «... parecen haber sido fabricadas en

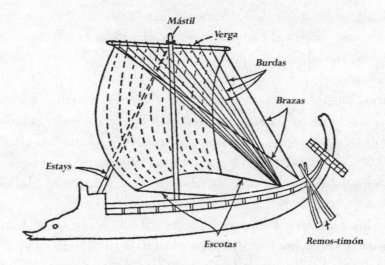

Antiguo barco griego. Abajo: Disposición de dos hileras de remos.

Kuass, antiguo puerto de Zilis (Dchar Jdid) en la costa atlántica de Marruecos, al suroeste de Tánger». El arqueólogo que dirigió las excavaciones en Kuass, el profesor Michel Ponsich, coincide con Will en el lugar de fabricación, y fecha las ánforas en el siglo II a.C.[49]

El arqueólogo estadounidense Robert Marx, especializado en excavaciones submarinas, localizó una estructura de madera en el fondo enlodado de la bahía mientras investigaba el yacimiento próximo a Río de Janeiro. Gracias al sonar, Marx descubrió que en la zona había restos de dos naufragios: el de un barco del siglo XVI y otro supuestamente más antiguo, que era de donde procedían las ánforas.

Pero los problemas comenzaron antes de que Marx pudiese sumergirse para investigar el yacimiento. A las autoridades brasileñas no les entusiasmó la idea de que un barco romano hubiese naufragado frente a sus costas, cuando España y Portugal siguen disputándose el descubrimiento de Brasil. Llegaron a acusar a Marx de ser un agente italiano enviado para generar publicidad favorable a Roma. Las autoridades brasileñas se vieron presionadas a negarle a Marx el permiso para seguir investigando, y acabaron prohibiéndole la entrada en el país.

Marx pensaba que el barco pudo haber sido desviado de su rumbo en el curso de una tormenta. Después de todo, ¿no se han hallado restos de naufragios de barcos romanos cerca de las Azores, en mitad del Atlántico? Enseguida veremos que muchos de estos contactos con América se produjeron accidentalmente. Sólo en el último siglo se han producido más de 600 travesías transatlánticas forzosas, pues barcos y balsas han sido arrastrados por el viento durante una tormenta. Personalmente, no creo que los romanos se presentasen en la carioca playa de Copacabana accidentalmente para tomar el sol. Es más que probable que fuesen conscientes de estar navegando hacia el Nuevo Mundo.

En Latinoamérica se han hallado muchos más objetos romanos. El profesor García Payón, de la Universidad de Jalapa, halló en 1961 un tesoro compuesto por joyas romanas en unas tumbas cerca de la capital mexicana. Tampoco son raros los hallazgos de fíbulas (imperdibles con los que sujetaban las togas) y monedas romanas. En Venezuela se halló una vasija de cerámica que contenía cientos de monedas romanas, de fechas comprendidas entre el reinado de Augusto y el año 350 d.C. Dicho tesoro se encuentra en la Smithsonian Institution, cuyos expertos han manifestado que no se trata de una colección extraviada de ningún numismático, sino probablemente del dinero de algún marinero romano, bien escondido en la arena o arrastrado hasta la orilla tras un naufragio.[49]

A los romanos no solemos asociarlos con los viajes por todo el mundo tanto como a otra potencia de la Antigüedad: los fenicios.

En el siglo I a.C., el geógrafo griego Estrabón escribió: «... más conocidos son los viajes de los fenicios, quienes poco después de la Guerra de Troya exploraron las regiones que hay más allá de las columnas de Hércules. Allí fundaron ciudades, al igual que en la parte central del litoral de Libia [África]. En una ocasión, mientras exploraban la costa de Libia, fueron arrastrados por potentes vientos hasta el océano. Tras ser zarandeados durante muchos días, consiguieron desembarcar en una isla de un tamaño considerable, situada a mucha distancia al oeste de Libia.»[49, 57]

En un texto antiguo encontramos detalles de sus incursiones atlánticas tras el final de la Guerra de Troya, alrededor del 1200 a.C. Pero ¿hasta dónde llegaron?

Cerca de Paraiba, en Brasil, se halló en 1872 una piedra con una inscripción fenicia. Durante casi un siglo se pensó que se trataba de una falsificación, pero en 1968 el profesor Cyrus Gordon, jefe del

El sello de los templarios: dos jinetes sobre un solo caballo.

Departamento de Estudios Mediterráneos de la Universidad de Brandeis, anunció que la inscripción era auténtica. La inscripción de Paraiba habla de un barco fenicio que estaba circunnavegando África hasta que los vientos lo arrastraron a la costa de Brasil.[57, 96] De hecho, el «descubridor» moderno de Brasil, el explorador portugués Pedro Alvares Cabral, estaba intentando dar la vuelta a África en el año 1500 cuando los vientos lo desviaron de su rumbo y lo condujeron hasta Suramérica. Se cree que Brasil fue bautizado así en honor a la leyenda irlandesa sobre la isla de Hy Brasil.

Cuenta la profesora Elizabeth Will que en 1972 se hallaron cerca de la costa de Honduras los restos de un barco cartaginés cargado de ánforas. ¿Habían creado los cartagineses una ruta comercial regular? Algunos estudiosos mantienen que los indios toltecas eran en realidad cartagineses que, tras ser derrotados por Roma en las Guerras Púnicas, abandonaron el Mediterráneo para trasladarse a África Occidental. Desde allí emigraron a la península de Yucatán, en México, donde volvieron a establecer su civilización. Más adelante fueron exterminados por los aztecas, quienes se apoderaron de lingotes de oro cartagineses que acabaron en Estados Unidos como parte del oro de Moctezuma y las «siete ciudades de Cibola».

Es probable que hasta los judíos llegasen en su día a América. Cerca de Las Lunas, en Nuevo México, se hallaron unas inscripciones en hebreo antiguo que supuestamente hablan de su viaje y de la fundación de una ciudad. No obstante, los expertos no se ponen de acuerdo sobre el contenido real de la inscripción, ni siquiera aquellos que la tienen por auténtica. En una fecha tan tardía como es el año 734, un grupo de judíos que huía de sus perseguidores escapó de Roma por mar «... hacia Calalus, una tierra desconocida.»[16]

Que no se rasguen las vestiduras quienes celebran el Día de la Hispanidad, aún hay más. Unos años antes, alrededor del año 725, siete obispos y 5.000 de sus seguidores que huían de los musulmanes en España zarparon de Porto Cale, en Portugal, hacia la isla de Antilla. Según defienden algunos historiadores, desembarcaron en la costa occidental de Florida y se adentraron en aquella tierra, donde fundaron la ciudad de Cale —que más adelante se convertiría probablemente en la moderna Ocala. Los judíos que huían de los romanos quizá supiesen del éxodo portugués y fuesen a Porto Cale para preguntar qué ruta debían seguir. Una vez en América, llamaron Calalus a la nueva tierra, una especie de Cale latinizada.

Colón conocía el viaje de los portugueses y pensaba que encontraría a sus descendientes en una isla. Quizá creyese que los restos del naufragio de un barco europeo que encontró en su segundo viaje pertenecían a dicha expedición.

Puede que incluso los judíos de épocas más remotas surcasen los océanos. Los tesoros del rey Salomón provenían de la misteriosa tierra de Ofir. La ubicación exacta de este país, rico en oro, ha sido objeto de muchas especulaciones. Salomón era yerno del rey fenicio Hiram, y con su ayuda consiguió reunir el enorme tesoro necesario para la construcción del templo en Jerusalén.

En la Biblia leemos:

> El rey Salomón construyó una flota en Ezión-Geber, que está cerca de Elot, a orillas del mar Rojo, en la tierra de Edom. Hiram envió a las naves a sus servidores, marineros, conocedores del mar, con los servidores de Salomón. Llegaron a Ofir, y trajeron de allí cuatrocientos veinte talentos de oro que llevaron al rey Salomón. (...) Cada tres años venía la flota trayendo oro, plata, marfil, monos y pavos reales (...) y gran cantidad de sándalo rojo y piedras preciosas.
>
> *Libro I de los Reyes 9:26-28, 10:22, 10:2*

Lo que estos expertos navegantes llevaron a Ezión-Geber era una fortuna en oro: 450 talentos son casi veinte toneladas. Encontrar el lugar de origen de tanto oro empujaría, aun hoy en día, a muchos aventureros a cruzar un océano o dos. Pero también llevaron plata negra, marfil, monos, pavos reales... Sin embargo, los historiadores llevan siglos intentando dar con el paradero de la tierra de Ofir, fuente de tamaña riqueza.

Qiuzá una de las razones de su fracaso resida en el hecho de que casi todos los historiadores limitan mucho su búsqueda, basándose en la teoría de que en la Antigüedad la capacidad de navegación del hombre era muy limitada.

La actitud miope de exégetas bíblicos e historiadores se resume en la siguiente afirmación de Manfred Barthel, el estudioso alemán que escribió *Lo que dijo verdaderamente la Biblia*: «Zimbabue era de creación demasiado recien-te, la India estaba demasiado lejos, en los Urales hacía demasiado frío... Parece probable que Ofir se encontrase en algún lugar de la costa del mar Rojo.»[93]

En la misma línea, los más desprejuiciados estudiosos alemanes Hermann y Georg Schreiber argumentan en su libro *Ciudades sepultadas*: «En algún momento surgió la teoría de que la tierra de Ofir que aparece en la Biblia pudiera haber estado situada en lo que hoy en día es Perú. Eso es totalmente imposible; en el siglo X a.C. no había flota mercante que llegase tan lejos. (...) La búsqueda de aquella famosa tierra rica en oro se ha circunscrito fundamen-talmente al sur de Arabia y a la costa africana.»[75]

Los Schreiber dicen cosas muy interesantes en su libro, pero al mismo tiempo caen en la extraña lógica del aislacionismo: creen que el hombre pri-mitivo nunca se aventuró lejos de la costa y de lo conocido, y de este modo hacen caso omiso a la prueba capaz de convencerlos de lo contrario. Manfred Barthel representa al aislacionismo más reaccionario. Para él, incluso la India está demasiado lejos. Según sus planteamientos, aunque tardase tres años —¡nada menos!— en ir y volver a Ofir, una flota de embarcaciones avanzadas no era capaz de ir de Elot, en la ribera del Mar Rojo, a la India.

Si uno desestima miopías antropológicas de este tipo, Perú comienza a parecer una propuesta plausible. Sin embargo, el resto de mercancías proce-dentes de Ofir —monos, marfil, pavos reales y sándalo— nos hacen mirar en otra dirección. Los monos y el marfil han llevado a los investigadores a pen-sar en algún puerto africano, aunque también podemos encontrar ambas cosas en la India y el sureste asiático. Casualmente, tanto los pavos reales como el sándalo provienen de allí.

En lo que nadie ha caído es en situar la tierra de Ofir en Australia, uno de los países más ricos en minerales, y adonde podrían haber llegado navegando desde la India y Sumatra. Se han descubierto minas muy antiguas en el norte y el oeste de Australia. En la ciudad de Gympie, en Queensland, se halló una supuesta pirámide, ahora destruida, y una estatua de casi un metro de altura del dios egipcio Thot representado como un babuino, además de numerosas reliquias egipcias y fenicias.[95] Ese mismo lugar se hizo famoso como «la ciudad que salvó a Queensland» gracias a la fiebre del oro que se desató allí a finales del siglo XIX.

Personalmente, yo creo que la flota de Salomón visitó antiguos yacimientos situados en el litoral y en los ríos de Australia. Es probable que antes de emprender el viaje de regreso cultivasen algo de lo que alimentarse, y que durante el trayecto hiciesen parada en algunos puertos de Indonesia y la India para cargar pavos reales, monos, marfil y sándalo.

Unos párrafos atrás hemos mencionado la presencia de reliquias egipcias en Australia. ¿Se trata de un error?

Curiosamente, la asombrosa civilización egipcia, mucho más antigua que la fenicia, no tiene fama de haberse dedicado a la navegación transoceánica. Aunque sus costas estaban bañadas por dos mares importantes —el Mediterráneo y el mar Rojo— cuya navegación está documentada, se supone que nunca se aventuraron en expediciones oceánicas.

En su artículo «Ships and boats of Egypt»[*], Marie Parsons explica: «Existen pruebas de que en el Antiguo Reino de Egipto se construyeron las primeras barcas con tablas, utilizadas en ceremonias de enterramiento. Recientemente se han encontrado catorce de ellas enterradas en la región de Abydos. (...) El ejemplo más antiguo de una embarcación de tablas unidas mediante la técnica del cosido (...) fue hallado junto a la Gran Pirámide de Gizeh. Es probable que se trate de una clase de embarcación que se remonta a los tiempos del Egipto predinástico.»

La autora opina que este tipo de embarcaciones sólo era apropiado para surcar el Nilo, pero el hallazgo en 1960 de una enorme embarcación funeraria en un foso de piedra cercano a la Gran Pirámide le descubrió al mundo un navío egipcio en perfecto estado de conservación que podría haber dado la vuelta al mundo. Dicha embarcación tiene también unos arañazos en la parte inferior delantera que, en opinión de los expertos, sólo pudo haberlos causado un arrecife de coral.

El aspecto más enigmático de los egipcios en relación con los viajes oceánicos es la abundancia de referencias de viajes a Punt, emplazamiento exótico del que importaban ungüentos, enanos y hasta jirafas. Dichos viajes se remontan a una época tan antigua como la de la V dinastía. Los viajes de la reina Hatshepsut, de la XVIII dinastía, fueron inmortalizados en una serie de frisos en su templo de Deir el-Bahari.

De nuevo la mayoría de historiadores, basándose en el «hecho» de que los egipcios no realizaron largos viajes, sitúan la tierra de Punt en un reino africano cercano —quizá Somalia. Sin embargo, algunos de los tesoros que llegaban de Punt, como los pigmeos, sólo podían provenir de África central como muy cerca. Para eso habrían necesitado salir del mar Rojo y costear el litoral africano hasta llegar a Kenia o Tanzania como poco, o incluso a Mozambique o Zimbabue. Ya hemos visto que se han encontrado objetos egipcios en lugares tan distantes entre sí como Australia y México.

Parece ser que otra civilización que realizó viajes transoceánicos fue la hitita, que contaba con bases navales en los territorios que hoy corresponden a El Líbano y Chipre. Existen pruebas de que cruzaron el Atlántico Norte desde las islas Shetland (las «Tierras de Set» de los antiguos egipcios) hasta llegar a los Grandes Lagos de Norteamérica. Allí explotaron el cobre en la isla Royale, situada en el lago Superior, y lo transportaron hasta el Mediterráneo. [40]

En un libro reciente, el historiador británico Gavin Menzies sostiene que hubo barcos de la armada china que circunnavegaron el mundo en el año 1421. Según Menzies, los chinos realizaron exploraciones por los océanos Índico, Atlántico y Pacífico que culminaron en el viaje del almirante Zhou Man. Su viaje de 1421 lo llevó a la India, costeó el este de África en dirección sur, cruzó el Atlántico, bordeó Suramérica y volvió a China a través del Pacífico. [59]

La abogada e historiadora de Chicago Henrietta Mertz señalaba en su libro de 1953 *Pale ink* que los chinos habían realizado varios viajes a la costa oeste americana. La catedrática de Oxford Louise Levathes ofrece detalles de los viajes chinos a Australia y África en su libro *When China ruled the seas*. [86]

La cuestión es que cruzar un océano no resulta tan difícil —ni ahora ni en la Antigüedad. No es de extrañar que los portugueses y Colón pudiesen atravesar el Atlántico en la Edad Media; cualquiera pudo haberlo hecho mucho antes con un barco en condiciones. De hecho, el famoso mapa de Piri Reis, que se encuentra en el museo Topkapi en Estambul, supone la confirmación de que el Atlántico ya había sido atravesado mucho antes de que los «expertos» medievales declarasen que el mundo era plano. El mapa de Piri Reis muestra la totalidad de la costa oeste de América del Norte y del Sur, además de buena parte de la Antártida, y fue dibujado sólo unos años después del primer viaje de Colón al Nuevo Mundo. Teniendo en cuenta que se copió de mapas más antiguos, algunos de ellos en poder de los portugueses, es probable que Colón llevase consigo una copia anterior. En el Capítulo 5 hablaremos en profundidad de estos asombrosos mapas.

Las batallas navales eran tan populares en tiempos de los romanos que en ocasiones se llegaba a inundar el Coliseo desviando un río cercano para representar simulacros de batallas navales.

Piratería en la Antigüedad

COMO YA HE SEÑALADO, es probable que existiesen técnicas de navegación avanzadas mucho antes de lo que permite suponer la documentación existente. También es probable que la piratería se desarrollase en paralelo a la nave-

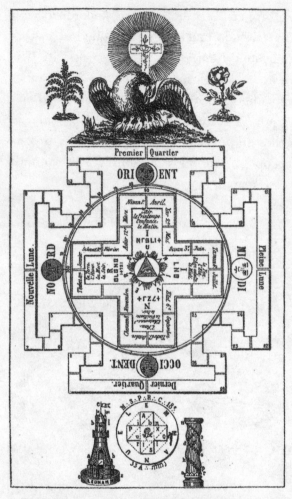

Diagrama esotérico del Templo de Salomón, tal como fue profetizado por Ezequiel y diseñado por los templarios. Las dos columnas representan a Jaquín y Boaz, del Templo original de Salomón. La columna de la derecha se parece a la Columna del Aprendiz de la capilla de Rosslyn.

gación, pero según la mayoría de enciclopedias y diccionarios, la piratería se remonta al tiempo de los fenicios, considerados el primer pueblo de navegantes. Alrededor del año 1000 a.C., los fenicios tenían monopolizado el comercio marítimo en prácticamente todo el Mediterráneo, y se sabe que atacaban a los barcos que no formaban parte de su red comercial. Sus barcos eran grandes y poderosos y estaban propulsados por multitud de remeros. Además, contaban con arietes por debajo del nivel de flotación para provocar fugas en los barcos enemigos. De hecho, en la época de los fenicios la piratería y la guerra naval ya habían evolucionado considerablemente.

Los piratas de Cilicia, en Anatolia, atormentaban constantemente a los romanos. Éstos organizaron tres grandes expediciones al Mediterráneo oriental (102-67 a.C.) contra los saqueadores que culminaron en su destrucción a manos de una inmensa flota romana comandada por Pompeyo el Grande. Durante los siguientes 250 años, la armada romana mantuvo el Mediterráneo prácticamente libre de piratas.

En su libro *Piracy in the ancient world*, Henry Ormerod, catedrático de la Universidad de Liverpool, señala que la palabra «pirata» procede del latín, lengua en la que designa a la persona que ataca un barco.[84]

Ormerod sostiene que en la Antigüedad la piratería estaba localizada principalmente en el Mediterráneo, zona que, tanto entonces como ahora, constituye un verdadero cruce de caminos por lo que a tráfico marítimo se refiere. El autor señala que gran parte del litoral mediterráneo es rocoso y yermo, y por tanto incapaz de mantener a una población numerosa. «Por tierra, la pobreza del suelo les obligó a convertirse en cazadores y bandoleros antes que en agricultores. Lo mismo sucedió en el mar.».[84]

Rosslyn, la casa de los Templarios en Escocia.

Algunos escritores de la Grecia clásica narran ciertos episodios muy antiguos de piratería. Por ejemplo, en el año 355 a.C. tres embajadores atenienses que se dirigían a la corte de Mausolus en Caria a bordo de un barco de guerra capturaron un navío de Naucratis y lo llevaron al puerto ateniense de El Pireo. Los mercaderes de Naucratis suplicaron clemencia a los ciudadanos de Atenas, pero como Egipto (donde estaba situada Naucratis) se había sublevado contra Persia en aquella época, y los atenienses deseaban hacer méritos ante el Gran Rey de Persia, el barco fue declarado enemigo.

Ormerod observa que «el dinero de la recompensa, que por ley pertenecía al Estado, fue retenido por los tres embajadores.»

También las represalias formaban parte de la piratería en la Antigüedad: puertos y ciudades eran blanco de ataques y saqueos de piratas y corsarios.

Ormerod añade que «resulta igualmente difícil aplicar el concepto moderno de sociedad dotada de organización política a las condiciones primitivas de la vida en la Antigüedad. Sólo a resultas de un largo proceso de desarrollo llegó el mundo antiguo a distinguir entre extranjero y enemigo, piratas y corsarios, comercio legítimo y secuestro. Ante las protestas romanas relativas a las acciones de piratería llevadas a cabo por sus súbditos, la reina Teuta replicó que los reyes ilirios no tenían por costumbre intervenir en las actividades marítimas de sus súbditos. Sostiene Herodoto que ya en la Grecia del siglo VI a.C. encontramos a Polícrates de Samos llevando a cabo acciones de piratería contra todos los usuarios del Egeo. Al parecer, una ley de Solón reconocía un procedimiento similar entre los atenienses. El saqueo a sus vecinos era para el poblador primitivo del área mediterránea una forma de producción, sancionada y alentada por la comunidad mientras tuviese como objetivo la población de una tribu diferente.»

En opinión de Ormerod, es Tucídides quien ofrece la mejor descripción de dichas condiciones:

Pues antiguamente los griegos, así como los bárbaros del continente que vivían junto al mar y los que poblaban las islas, cuando comenzaron a relacionarse más a menudo por mar se dedicaron a la piratería. Los lideraban los hombres más poderosos, que buscaban tanto su propia ganancia como los medios de subsistencia para los más necesitados. Atacaban ciudades sin amurallar y poco pobladas y las saqueaban, obteniendo de ello su principal medio de subsistencia, ya que su oficio aún no representaba causa de vergüenza alguna, sino que conllevaba más bien algo de gloria. Hoy en día prueban que esto es así algunos pueblos del continente, que se enorgullecen de hacer bien su trabajo; y los antiguos poetas, que siempre dirigen a los que desembarcan en una costa la misma pregunta de si son piratas, sabedores de que ni aquellos a quienes se interroga desaprueban esta profesión, ni aquellos a quienes interesa conocerla la censuran. También en el continente se dedicaban a robarse entre sí, y aun hoy en día buena parte de los griegos vive a la manera antigua: los locros ozolas, los etolios, los acarnanios y toda esa parte del continente. A estos pueblos del litoral les ha quedado la costumbre de llevar armas a partir de su antigua dedicación a la piratería.

Señala también que la piratería y el bandolerismo se consideraban un medio de producción, y así los clasificaba Aristóteles: «Otros se mantienen mediante la caza, de varios tipos. Otros, por ejemplo, son bandoleros; otros, que moran a orillas de lagos, marismas, ríos o mares poblados por peces, se dedican a la pesca; otros se mantienen gracias a la caza de pájaros o animales salvajes.»[84]

Para Ormerod, una de las figuras más interesantes de la mitología griega es Nauplio, cuyo oficio de provocador de naufragios, negrero y pirata puede considerarse prototípico de los antiguos habitantes del litoral mediterráneo. Desde tierra, provoca naufragios al conducir a los marineros a su muerte encendiendo hogueras en los arrecifes. En el mar, es un negrero y un pirata a quien le son confiados hijos no deseados y mujeres díscolas para ser ahogados o despachados de algún otro modo.

Según Ormerod, «Un tal Catreo, rey de Creta, le entregó a sus dos hijas, Aérope y Clímene, con instrucciones de venderlas en tierras extranjeras. Nauplio vendió a Aérope, pero a Clímene la conservó como esposa. Auge, hija de Áleo, fue entregada del mismo modo a una tripulación de piratas carios a resultas de su relación con Heracles. Su nombre significa simplemente "marinero" (y como tal, se le atribuye el descubrimiento de la Osa Mayor), y es probable que su conducta difiriese poco de la de los primeros navegantes del Mediterráneo. Ya hemos analizado las prácticas de los habitantes de Maina, provocadores de naufragios y piratas en los siglos XVII y XVIII, y de los tauros, en el mar Negro. Sabemos de la existencia de otras comunidades que se ganaban la vida mediante estos métodos, allá donde el carácter de la costa les fuese favorable.»

Difusionismo frente a aislacionismo

DESGRACIADAMENTE, EL AMBIENTE ACADÉMICO ACTUAL no le permite al libre-pensador especular demasiado sobre los viajes transoceánicos y el difusionismo en general. Durante los últimos 70 años o más, la calificación que han recibido los defensores del difusionismo y de los contactos precolombinos a través del Atlántico y el Pacífico ha sido la de «racistas».

En pocas palabras, en estos tiempos en los que prima lo políticamente correcto, decir que las civilizaciones americanas no evolucionaron de manera independiente a otras civilizaciones de Asia, África y Europa es afirmar que dichas civilizaciones americanas eran inferiores. Tuvieron que ir los navegantes «extranjeros» de la Antigüedad a ayudarles a construir sus pirámides, a elaborar su tinte púrpura, a desarrollar la escritura, etcétera. Afirmar que las civilizaciones americanas fueron incapaces de conseguir tales logros por sí mismos es una teoría «racista», y como tal habría que descartarla. Las teorías que contemplan el contacto y el comercio marítimos en la Antigüedad en otras partes del mundo no se consideran racistas, pero adoptan ese tono aplicadas a América. Es una lógica retorcida, pero ha invadido el ámbito académico hasta sus cimientos.

El antropólogo George Carter se pronunciaba al respecto de las acusaciones que calificaban de racistas las posturas difusionistas:

Si el hombre ya surcaba el vasto Pacífico —que equivale a 1/3 de la superficie de la Tierra—, ¿por qué no iba a poder cruzar el insignificante Atlántico? Está bien, seamos racistas. ¿Quiénes? ¿Aquellos estúpidos europeos, que seguían navegando en galeras a remo hasta el siglo XVIII, y que fueron unos de los últimos en poner en práctica avances náuticos como el timón de popa y los aparejos delanteros y traseros? Afortunadamente, el

Atlántico es tan pequeño y los vientos soplan con tanta fuerza y las corrientes son tan persistentes desde la entrada al Mediterráneo hasta el Caribe que no hay escapatoria alguna. Incluso un barco naufragado conseguiría llegar en poco tiempo. En épocas modernas hay quien lo ha cruzado en una balsa de papiro (Heyerdahl), y un escandinavo lo hizo en una embarcación de lona. Aunque no lo pretendiesen, los europeos llegarían a América de vez en cuando. Las pruebas demuestran que sí lo pretendían, y que lo consiguieron; incluso es probable que alterasen considerablemente la historia de las culturas amerindias, aunque de momento no hayamos visto —porque no hemos querido verlo— cuándo, dónde y en qué medida.

Para que se hagan una idea de por dónde van los tiros: a los españoles les ofrecieron monedas europeas cuando llegaron a México, y uno de los ídolos mexicanos llevaba un casco parecido a un casco viejo de uno de los soldados de Cortés. Una cabeza de cerámica hallada en México ha sido identificada como fabricada en Roma en el siglo II d.C. Yo escribí un artículo en el que señalaba que algunos sellos cilíndricos y muchos cuños llevan inscripciones alfabéticas. Aunque sólo fuera por esto, debería parecernos una prueba de un contacto considerable. ¿Volvió alguien? ¿Se estableció una relación comercial bilateral? Mi respuesta es que sí, que estamos hablando de un comercio y unos viajes intencionados, y probablemente incluso de colonización.

En Pompeya encontramos piñas representadas. Las piñas son de origen exclusivamente americano. Así pues, una cabeza de cerámica de Pompeya en América y una piña americana en Pompeya... y las fechas coinciden. Hay otra anécdota curiosa. Algunos de los judíos que murieron durante la gran revuelta contra Roma (a finales del siglo I d.C.) habían huido al desierto. En las cuevas, su ropa se conservó tan bien que hasta los colores se han mantenido. Un estudio de los tintes demostró que uno de ellos era cochinilla, producida por un áfido que vive en los cactus, que a su vez proceden de América. Este, como tantos otros temas, necesita investigarse más a fondo, pero hasta la fecha es la hipótesis más probable. ¿Se comerció con tintes? Los fenicios (cuyo nombre significa «púrpura») comerciaban con tintes de color púrpura que extraían de un molusco. En América, los indígenas obtenían el mismo color púrpura del molusco correspondiente. Esta cuestión fue despachada rápidamente por los aislacionistas afirmando que se lo habían enseñado los españoles. Pero el Carbono 14 ha fechado algunos de esos tintes en el año 200 a.C. ¿Resulta razonable su comercio? Por supuesto. El comercio de larga distancia debe basarse en mercancías ligeras, que abulten poco y sean muy valiosas. Los tintes encajan a la perfección en dicha descripción. ¿Algo más?

En la Edad de Bronce, el hombre llegaba hasta los confines del mundo en busca de metales: cobre, estaño, oro, plata. El sur de Nueva Inglaterra (USA) es —o era— rico en cobre; allí encontramos una profusión de pruebas de inscripciones, dólmenes, piedras grandes sobre otras más pequeñas, enormes cámaras de piedra... Descripción que encaja con la de un modelo europeo megalítico o de la Edad de Bronce, y es probable que así sea.

Los datos parecen indicar cada vez con mayor claridad que el hombre cruzó los océanos mucho antes de lo que creíamos. Hace veinte años fui censurado por sugerir que todo esto pudo haber sucedido 2.500 o incluso 3.000 años antes de Cristo. Unos 7.000 años a.C. ya se cultivaba una planta africana en América (la *Lagenaria siceraria*, o calabaza del peregrino), y un amigo mío baraja la posibilidad de que el hombre cruzase el Atlántico hace 15.000 años. Esa es una fecha demasiado temprana incluso para mí, pero si me dan un mes para asimilarlo puede que empiece a plantearme la posibilidad.

En este punto es donde nos encontramos ahora mismo. Sabemos con una certeza considerable que se produjeron viajes e intercambios significativos de plantas y animales; es posible que llegasen a comerciar, y muy probable que se produjese algún tipo de colonización. Aún nos queda mucho por aprender, y mucho testarudo suelto que se empeña en paralizar cualquier investigación de altura. En demasiadas ocasiones esto ha dado lugar a lo que se conoce como «una minoría de chiflados», y siempre hay algún imprudente que les sirve argumentos en bandeja a los profesionales para que éstos desprestigien a cualquiera. Si todo este asunto no fuese tan interesante y tan importante para la comprensión de los orígenes de la civilización y la naturaleza del hombre, uno se dejaría llevar por la tentación de renunciar a todo y permitir que fuesen los *Phuddies* —tomando prestada la expresión de Harold Gladwin— quienes lo monopolizasen. Pero es demasiado importante para eso.[19]

En su última frase, Carter se refiere al libro *Men out of Asia*, escrito en 1947 por el profesor Harold Gladwin. El libro de Gladwin es un buen ejemplo del ataque al dogma académico del aislacionismo. En sus páginas acuña el término *Phuddies Duddies**, referido al grupo de estudiosos petulantes con sus doctorados que desde su cátedra pontifican sobre lo que es correcto y lo que no en Historia.

Aunque en su momento el libro de Gladwin supuso un avance y el término *Phuddies Duddies* goza de cierta popularidad, el dogma del aislacionismo sigue vigente y, como bien señala George Carter, ha adoptado el método repugnante de calificar de «racistas» a quienes se muestran a favor de la difusión de ideas gracias a una serie de migraciones y exploraciones marítimas en la Antigüedad. Al tratarse de una denominación que ningún investigador, arqueólogo o historiador querría para sí, el tema se vuelve voluble y peliagudo.

Podríamos darle la vuelta al argumento y declarar que lo racista es sostener que chinos, birmanos, libios y judíos eran demasiado cortos de entendederas para cruzar el océano. La Historia y la verdad son cuestiones que dependen de la investigación científica y de pruebas, no de lo que hoy en día sea políticamente correcto.

El argumento racista también resulta interesante en lo referente a los piratas y los antiguos navegantes. Las tripulaciones estaban compuestas por una mezcla de nacionalidades; este hecho constituía una ventaja, ya que los marineros que hablaban varios idiomas y conocían distintas zonas de un mar que otros marineros desconocían eran tenidos en muy buena estima. Como veremos más adelante, los piratas eran un grupo excepcionalmente democrático y desprejuiciado. Mientras en todas las naciones del mundo reinaban la segregación y un sistema de castas, a bordo de un barco las cosas eran muy distintas. La igualdad prevalecía sobre el color, la religión o la posición social. Lo que realmente importaba entre marineros era la aptitud, el talento y el oficio. La democracia se gestó, por increíble que parezca, a bordo de un barco pirata.

Una vez comprobada la existencia de técnicas complejas de navegación y de la piratería hace miles de años, pasemos a una época más reciente, una época de guerras y de represión religiosa de la ciencia y los descubrimientos. Hablamos de la Alta Edad Media, una época habitada por papas y reyes, barones y señores feudales, cruzados y sultanes. La época de los templarios y su flota.

Escritura secreta que supuestamente perteneció a una rama superviviente de los templarios. Extraída del libro de Arkon Daraul *Sociedades secretas*.

Los milagros suceden no en contra de la naturaleza,
sino en contra de lo que conocemos de la naturaleza.
SAN AGUSTÍN

Haz siempre lo que debas, eso complacerá a algunos y asombrará a los demás.
MARK TWAIN (1835-1910)

CAPÍTULO 2 EL ORIGEN DE LOS CABALLEROS TEMPLARIOS

Teniendo en cuenta que el presente libro indaga en la relación entre mitología e iconografía piratas y la flota perdida de los templarios, considero importante hacer un breve repaso por la historia de los que comenzaron llamándose *Pobres Caballeros de Cristo*.

El origen de los caballeros templarios

La historia de los templarios es una de las más fascinantes que existen. Tradicionalmente se les ha asociado con todo tipo de actividades increíbles: la posesión del Arca de la Alianza y del Santo Grial, de una flota clandestina que surcaba los mares, y de una asombrosa confianza en sí mismos y un valor que les hacían ser temidos por sus enemigos.

A pesar de su reputación de guerreros temibles y avezados en el combate, los templarios eran hombres cultos, entregados a la protección de viajeros y peregrinos de cualquier religión, no sólo a los cristianos. Eran grandes estadistas, hábiles comerciantes versados en política, y al parecer estaban aliados con la gran hermandad de navegantes que había creado un imperio comercial en tiempos de los fenicios.

A pesar de la tremenda publicidad negativa generada contra ellos cuando fueron proscritos, se les sigue conociendo como protectores del saber y de objetos sagrados. Hay quien sostiene que el origen de los templarios se remonta a los tiempos de la construcción del Templo de Salomón por albañiles fenicios de Tiro, o incluso a los de la Gran Pirámide o la Atlántida, pero el origen de su historia moderna lo encontramos en la Edad Media, en la época de las cruzadas.

En su libro *El enigma de la catedral de Chartres*[8], el arquitecto francés Louis Charpentier sostiene que los templarios construyeron la catedral de Chartres como depositaria de la antigua sabiduría, de un modo similar a Stonehenge, el Templo de Salomón o la Gran Pirámide de Egipto. El grupo fundador de nueve caballeros tuvo acceso a un conocimiento privilegiado del templo de Jerusalén durante su estancia en el Templo de Salomón a partir del año 1118. Hay constancia histórica de que ese año nueve caballeros «franceses» se presentaron ante Balduino II, el rey cristiano de Jerusalén, para explicarle su propósito de fundar una orden que protegiese a los peregrinos de ladrones y hashashins a lo largo del camino que los llevaba a Jerusalén. Balduino II había sido prisionero de los sarracenos y era consciente de su desunión. Algunas facciones, como los «hashashins», desarrollaban sus actividades en el panorama político musulmán.

Los caballeros solicitaron ser alojados en un ala del palacio contigua a la cúpula de la mezquita de la Roca, construida en el lugar que antes ocupaba el Templo de Salomón. El rey accedió a su petición. Acababa de nacer la orden de los caballeros pobres de Cristo y del Templo de Salomón (o templarios). Diez años más tarde, los caballeros se presentaron ante el Papa, quien les dio su aprobación.

Aunque inicialmente sólo había nueve misteriosos caballeros, se les unió un décimo: el conde de Champaña, un importante noble francés. Al parecer, ninguno de los caballeros «pobres» era realmente pobre, ni siquiera eran todos franceses. Varios de ellos provenían de importantes familias francesas y flamencas. De los diez caballeros originales, cuatro no han sido identificados del todo, aunque se conocen sus nombres.

Barcos cruzados en el puerto de Tiro, en Tierra Santa.

Las filas de los templarios crecieron enseguida. Cuando un noble ingresaba en la Orden, le hacía entrega de su castillo y sus propiedades. La Orden empleaba los ingresos generados por la propiedad en la compra de armas, máquinas de guerra, armaduras y demás pertrechos militares. También otros nobles y reyes que no eran miembros de la Orden donaban a menudo tierras y dinero. El rey Esteban I de Inglaterra aportó su valioso feudo inglés de Cressing, en Essex. También dispuso que los miembros de mayor rango de la Orden pudiesen realizar visitas a los nobles de Inglaterra y Escocia. En el año 1133, el rey Alfonso I de Aragón y Navarra —regiones situadas al norte de España—, que se había enfrentado a los moros invasores en 29 batallas, legó su reino a los templarios. Éstos, sin embargo, no pudieron reclamarlo debido a la conquista de España por los árabes.

El papa Eugenio III decretó que los caballeros templarios y sólo ellos llevarían una cruz roja especial, con extremos romos y brazos en forma de cuña (denominada cruz paté) en la parte izquierda del pecho sobre sus túnicas blancas, para así ser reconocidos rápidamente por los cristianos y por otros templarios en el campo de batalla. La túnica blanca con la cruz roja se convirtió en su uniforme oficial. Estos caballeros guerreros lucharon valientemente en Oriente Medio y fueron muy respetados por los guerreros musulmanes debido a su valentía y a su condición de estrategas. De hecho, muchos templarios eran palestinos de nacimiento —el gran maestre Felipe de Nablus, que asumió el cargo en 1167, era sirio—, hablaban árabe con fluidez y eran conocedores de todas las sectas religiosas, cultos y doctrinas mágicas.

Un cruzado en las calles de Jerusalén.

Con la ayuda del inteligente abad francés Bernardo de Claraval y liderada por el conde de Champaña, el Temple se convirtió en una orden de renombre, distinguida en el campo de batalla y depositaria de una gran fortuna. Pero ¿qué perseguían? Charpentier compara la misión del grupo original de caballeros templarios con la incursión de un comando en el antiguo Templo de Salomón con el objetivo de desvelar sus secretos y, a ser posible, recuperar tesoros perdidos como el Arca de la Alianza, que podría haber estado oculta en un complejo sistema de cuevas situadas bajo el templo. Con el dinero que habían acumulado construyeron la imponente y misteriosa catedral de Chartres, y más adelante construirían otras catedrales por toda Europa, dando origen a la leyenda de los «maestros constructores».[8]

En la catedral de Chartres observamos hermosas vidrieras de colores, algunos de los cuales resultaría muy difícil o casi imposible copiar hoy en día. Ocultos en la catedral se encuentran varios «codos» —antigua unidad de medida—, además de algunos emblemas esotéricos, como el famoso Laberinto de Chartres y otros ingenios visuales, entre los que se cuenta la geometría sagrada para la transformación personal —una especie de alquimia personal del alma. También la búsqueda del Santo Grial forma parte de la imaginería de la catedral. ¿Participaron los templarios en dicha búsqueda? Parece poco probable que la orden de los caballeros del Templo de Salomón se crease para proteger a los peregrinos en su camino a Jerusalén, pues ya existía una orden de caballería con dicho propósito: la de los caballeros hospitalarios de San Juan, quienes más adelante se convertirían en caballeros de Malta.

Los caballeros hospitalarios de San Juan

LA ORDEN DE LOS CABALLEROS HOSPITALARIOS DE SAN JUAN DE JERUSALÉN se fundó en la ciudad italiana de Amalfi en el siglo XI. Se trasladaron a Jerusalén para proteger y socorrer a los peregrinos cristianos, pero pronto extendieron su misión al cuidado de pobres y enfermos por toda Tierra Santa.

Con el paso del tiempo, los hospitalarios se fueron militarizando y combatieron junto a los más esotéricos templarios y la orden germánica de los caballeros teutónicos del hospital de Santa María.

Tras la caída de Jerusalén en 1187, los caballeros de San Juan se retiraron a Acre, y cuando cayó esta última, se trasladaron en 1309 primero a Chipre y más tarde a Rodas, ciudad que habría de convertirse en la base principal de los cruzados en su lucha contra el Imperio Otomano. Rodas se constituyó en fortaleza, prisión y centro de abastecimiento para barcos y ejércitos con destino a Palestina y Asia Menor.

En 1481, el sultán otomano Fatih Mehmet II falleció sin haber nombrado heredero para el poderoso Imperio Otomano. Se libró en Bursa una batalla entre los dos pretendientes que resultó en la derrota de Cem a manos de su hermano Beyazid. Cem huyó a Egipto, pero los mamelucos, que controlaban el país para los otomanos, le negaron el asilo.

Barcos cruzados y dhows en el puerto de Acco, en Tierra Santa.

Cem se vio obligado a huir a Rodas, donde se puso a disposición de los hospitalarios, enemigos acérrimos de los otomanos. Con su hermano en poder del ejército cruzado, Beyazid se sabía en un aprieto, y el Imperio Otomano debía reaccionar con rapidez.

Beyazid obró con astucia y se puso en contacto con los caballeros hospitalarios, con quienes negoció un contrato según el cual habría de pagarles 45.000 ducados de oro anuales —una cifra muy alta para la época— a cambio del encarcelamiento de su hermano en Rodas, y más adelante en la Torre Inglesa del castillo de San Pedro en Bodrum, Turquía.

• Los hospitalarios acabaron por entregar a su valioso prisionero al Vaticano, donde Cem recibió una interesante oferta: comandar un ejército cruzado para reconquistar Constantinopla (Estambul en la actualidad).

• Para poner fin a la amenaza de su díscolo hermano, Beyazid no reparó en gastos y le ofreció al Vaticano 120.000 ducados de oro y unas cuantas reliquias sagradas de Jerusalén, incluida la famosa Lanza del Destino. Ese objeto es la punta de lanza utilizada por el centurión romano Longinos para herir a Jesucristo en el costado cuando estaba en la cruz. Otro de los objetos del lote era la «esponja del último refrigerio» utilizada para humedecer los labios de Jesús.

Cuenta la leyenda que quien posea la Lanza del Destino dominará el mundo. Adolf Hitler así lo creía, y ordenó sacarla del museo de Viena donde se hallaba expuesta cuando los nazis conquistaron Austria.

Gracias a tan sustancioso desembolso, el Papa abandonó los planes que habrían llevado a Cem a liderar un ejército contra Constantinopla. Cem murió olvidado en la prisión de Terracina (Italia) en 1495, se rumorea que fue envenenado. Hoy en día, Cem no es más que una nota a pie de página de la Historia, una víctima de las maniobras diplomáticas que llevaron la Lanza del Destino a Occidente.

Los hospitalarios se quedaron 213 años en Rodas y transformaron la ciudad en una fortaleza imponente con murallas de doce metros de espesor. Rechazaron dos ofensivas musulmanas, en 1444 y 1480, pero en 1522 el sultán Solimán el

La Lanza del Destino, con su funda de oro y sin ella.

Magnífico llevó a cabo un ataque masivo con 200.000 soldados.

Una fuerza de 600 caballeros, 1.000 mercenarios y 6.000 habitantes de Rodas acabó rindiéndose tras un asedio prolongado, a condición de poder salir a salvo de la ciudadela. Durante unos años, la orden del Hospital careció de un centro de operaciones importante hasta que en 1529 Carlos I, nieto de los Reyes Católicos, le ofreció Malta como sede permanente. Ese mismo año, los que pronto pasarían a llamarse caballeros de Malta comenzaron a construir fortificaciones alrededor del gran puerto de La Valeta, el más importante de Malta. En 1565 la flota otomana llegó a la isla y atacó las fortificaciones.

Con 181 barcos y una tripulación de más de 30.000 hombres, la flota disparó sobre la fortaleza más de 7.000 veces al día durante un mes, y acabó tomando San Elmo. Pero los turcos habían sufrido grandes bajas y no pudieron tomar los otros fuertes, muy bien defendidos, que había alrededor de la bahía y en el interior de la isla. A oídos de los turcos llegó la noticia de que acudían refuerzos desde Sicilia, y se retiraron de la isla; el gran asedio había terminado.

Caballeros asaltando un castillo en Tierra Santa.

La orden de los caballeros hospitalarios de San Juan cambió su nombre por el de caballeros de Malta. De ellos se decía que su lealtad al Vaticano rayaba en el fanatismo, y parece ser que el Papa los utilizó como cruzados y soldados personales. Otras órdenes, como los templarios o los caballeros teutónicos, eran mucho más independientes. Se ha llegado a rumorear que los caballeros de Malta constituían una sociedad secreta del Vaticano.

Fue Napoleón quien acabó con su dominio sobre Malta. La Orden le había enviado dinero a Luis XVI y, tras la ejecución del rey, Napoleón les negó cualquier tipo de ingreso procedente de Francia.

La Orden recurrió al zar Pablo I, quien le ofreció la creación de una Liga Ortodoxa de los caballeros de San Juan. Este acuerdo con el zar de Rusia hizo enfurecer a Napoleón, quien zarpó hacia Malta y fondeó a las afueras del puerto en junio de 1798. Al negársele la entrada, comenzó a disparar sobre la fortaleza. Tras dos días de bombardeo, los franceses desembarcaron y le dieron a la Orden cuatro días para marcharse. Así acabaron sus 268 años de presencia en la isla.

El Papa León XIII restauró el cargo de gran maestre y a la orden misma de los caballeros de Malta en 1879, aunque nunca volvieron a la isla. Se establecieron en Roma y en otras ciudades europeas, como Praga y Viena. Aunque no disponen de un territorio propiamente dicho, están reconocidos como un estado autónomo por más de cuarenta países de todo el mundo, un nivel de reconocimiento similar al del Vaticano.

El tesoro de los templarios

Muchos lectores —y algunos historiadores— confunden a los caballeros templarios con los caballeros de Malta. Conviene no hacerlo. Los templarios difieren bastante del resto de cruzados, y de ellos se dice que llegaron a combatir contra los demás, incluso en Tierra Santa.

Charles Addison, un abogado londinense que escribió sobre los templarios en su libro de 1842 *The history of the Knights Templars*[6], habla en las primeras páginas de la idea, ampliamente aceptada, de que los templarios estaban enfrentados con el Vaticano y su brazo armado, los caballeros hospitalarios. Addison niega las acusaciones, pero demuestra que dichos rumores existieron realmente.

No resulta tan descabellado pensar que los templarios se opusieran a la Iglesia desde su nacimiento. Ya nos hemos cuestionado la finalidad de su misión. Si realmente querían proteger a los peregrinos en Tierra Santa, ¿por qué no ingresaron en la orden del Hospital, previamente existente?

Hemos mencionado que hay quien cree que los templarios son la versión medieval de una sociedad creada mucho antes, cuyo objetivo sería ocultar y conservar objetos de valor, documentos y conocimientos de los vaivenes producidos por los cambios de poder. Si este fuese el caso, sería lógico asumir que los caballeros tenían sus propios objetivos —que diferían bastante de los de la Iglesia Católica Romana de la época, ocupada en afianzar su hegemonía, recoger tanto dinero como fuera posible e infundir miedo a la gente.

Durante cientos de años se ha rumoreado que los templarios no sólo eran los defensores de la fe verdadera, sino también los guardianes del Santo Grial, el más sagrado de todos los objetos religiosos. Circulan muchas versiones de la leyenda, y hay dos interpretaciones diferentes de lo que representa el Grial. Hay quien sostiene que se trata del cáliz utilizado por Jesucristo en la Última Cena. Según otros, Jesús y María Magdalena se casaron y tuvieron descendencia. El Santo Grial (o Sangreal) que protegían los templarios contenía la sangre de Jesucristo, que corría por las venas de sus herederos. Según una versión de la leyenda del Grial, fue San José de Arimatea

Caballero herido en Tierra Santa.

quien llevó a Inglaterra la copa que había sido utilizada para recoger la sangre que manaba de las heridas de Jesucristo. Una versión galesa de la historia sostiene que dejó la reliquia sagrada en Glastonbury, desde donde llegó a manos del rey Arturo y los caballeros de la Mesa Redonda. Las historias en torno a la Sangreal o Santa Sangre describen la huida —tras la crucifixión de Jesucristo— de su descendencia al sur de Francia, donde su estirpe se perpetuó a través de los reyes merovingios, contándose entre ellos reyes tan famosos como Dagoberto y Childerico.

Sea cual fuere la opinión de cada uno sobre la verdadera misión de los templarios, lo que sí se sustenta en hechos históricos es su persecución, que puede explicarse como producto de la avaricia.

Durante los 180 años que duraron las cruzadas, la riqueza de los templarios se convirtió en una increíble fortuna. Poseían más de nueve mil feudos y castillos repartidos por toda Europa, todos ellos libres de impuestos. Cada propiedad era cultivada y producía ganancias que pasaban a engrosar las arcas del mayor sistema bancario de Europa, creado por ellos. La riqueza y el poder templarios levantaban sospechas y envidias entre algunos miembros de la nobleza europea. Comenzaron a correr rumores difamatorios que hablaban de rituales secretos y de adoración al demonio.

Tras el fracaso de las cruzadas en el Mediterráneo Oriental, los templarios se trasladaron de Jerusalén a los Pirineos y establecieron su sede en París. Su base naval principal era el puerto francés de La Rochelle, cercano a los Pirineos. Los templarios operaban en muchos países europeos e islas mediterráneas y mantenían una estrecha relación con los reinos de Portugal, Francia, Holanda, Inglaterra y Escocia.

Su principal centro de operaciones era el sur de Francia y Cataluña, territorio de cátaros y reyes merovingios. Barcelona —actual capital de Cataluña— había sido originalmente un puerto fenicio, y la zona que se extiende a lo largo de la frontera entre Francia y España se considera a sí misma desde hace mucho tiempo una nación, con un pueblo y una cultura propios. La población habla su propio idioma, el catalán, que podría tener su origen en el fenicio y el latín.

En la provincia de Barcelona se encuentra la montaña de Montserrat, destino de peregrinación religiosa desde tiempos inmemoriales, quizá desde antes del comienzo de la era cristiana. Se alza 1.236 metros sobre el nivel del mar, y acabó por convertirse en emplazamiento de un célebre monasterio benedictino. Fue en Montserrat donde San Ignacio de Loyola juró dedicarse a la vida contemplativa.

En la *Grolier Multimedia Encyclopedia* (1997) leemos que en la Edad Media se creía que el Santo Grial se conservaba en Montserrat: «Allí se encuentra Nuestra Señora de Montserrat, *La Moreneta,* una imagen de madera que pudo haber sito tallada por San Lucas. Durante la Edad Media, se consideraba que el monasterio albergaba el Santo Grial.»[99]

Montserrat está envuelta en un cierto halo de misterio. En el monasterio se elabora un licor llamado *Aromes del Montserrat* cuyo logotipo es una empinada montaña con un cofre y una cruz en la cumbre.

Mientras visitaba el monasterio junto a un grupo de turistas, me preguntaba si el cofre en lo alto de la montaña sería la legendaria Arca de la Alianza, un cofre de madera y metal que contenía las reliquias sagradas del templo de Jerusalén. ¿Se trasladó el Arca de la Alianza y, más tarde, el Santo Grial a un complejo de cuevas secretas en las montañas de Montserrat? Cuenta la leyenda que una Hermandad Esenia clandestina se trasladó a Cataluña y Montserrat en los siglos anteriores a nuestra era. Dicha hermandad construyó un conjunto de cuevas subterráneas, castillos y monasterios en los Pirineos, a lo largo de la frontera que separa Francia y España. ¿Se trasladaron los templarios a dicha zona para proteger sus reliquias?

La persecución de los templarios

Lo que sí es cierto es que el rey francés Felipe IV envidiaba la popularidad y el poder de los templarios, y que fue él quien hizo correr gran parte de los rumores difamatorios sobre ellos. En una ocasión, el rey se había refugiado de una muchedumbre enfurecida en la sede parisiense de los templarios. Éstos le ofrecieron refugio, pero se cuenta que el rey, al ver la magnificencia del tesoro templario, lo quiso para sí. Su país estaba en bancarrota, él era un monarca impopular entre su pueblo y sabía que los templarios eran más ricos y poderosos que él.

· Felipe IV viajó a Roma en 1307 para intentar convencer al papa Clemente V de que los templarios no eran defensores de la fe católica, sino que intentaban destruirla. El 13 de octubre de 1307 el rey ordenó detenciones simultáneas en todos los prioratos templarios del país. En los días y semanas que siguieron, cientos de caballeros fueron detenidos, incluido el gran maestre de la Orden, Jacques de Molay.

Los templarios de toda Europa fueron detenidos y se les intentó arrancar confesiones de herejía. Todos ellos fueron torturados, en ocasiones durante meses e incluso años con el fin de que confesasen el secreto del Santo Grial y su paradero. Se cebaron especialmente en el gran maestre, Jacques de Molay, quien sufrió años de torturas. Se cuenta que ningún templario reveló tan codiciada información.

En 1312, el rey presionó a Clemente V para que proscribiese la Orden en toda Europa, aunque en Francia ya había sido eliminada. El Papa acabó emitiendo una bula que acababa con la Orden.

Cuando los hombres del rey fueron a los castillos templarios encontraron muchos de ellos abandonados. Los miembros de la Orden detenidos fueron juzgados y declarados culpables de pecados de herejía. En 1314, Jacques de Molay, que había padecido siete años de torturas en las cárceles del rey —lo habían dejado ciego clavándole en los ojos hierros al rojo vivo, le habían hervido en aceite los genitales para acto seguido arrancárselos con cuerdas y en el potro de tortura le habían roto o dis-

Templarios en la hoguera, extraída de *Chroniques de France ou de Saint Denis*.

locado casi todos los huesos, entre otros suplicios— se enfrentó a su último tormento: fue asado vivo a fuego lento por orden del rey y del Papa. Tal aniquilación de un ser humano no habría de olvidarse. Hoy en día, el nombre de Jacques de Molay sigue vivo, casi 700 años después, y hay un grupo de juventudes masónicas bautizado en su honor.

Un poema inglés de la época se formulaba la pregunta que hoy en día muchos siguen haciéndose:

¿Adónde han ido a parar todos los templarios y sus grandes riquezas?
Los hermanos, los maestres del Temple

tan bien surtidos
de oro, plata y riquezas,
¿dónde están?
¿Qué ha sido de ellos?
Tenían tanto poder que nadie
jamás se atrevió a quitárselo, nadie era tan audaz.
Siempre compraban y nunca vendían…

Esa misma pregunta ha atormentado a historiadores y buscadores de tesoros durante siglos.

De Molay en la cámara de tortura.

Intenta no convertirte en un hombre de éxito, sino en un hombre de valor.
ALBERT EINSTEIN

En tres palabras puedo resumir cuanto he aprendido de la vida: que sigue adelante.
ROBERT FROST

CAPÍTULO 3 LA FLOTA PERDIDA DE LOS TEMPLARIOS Y LA *JOLLY ROGER*

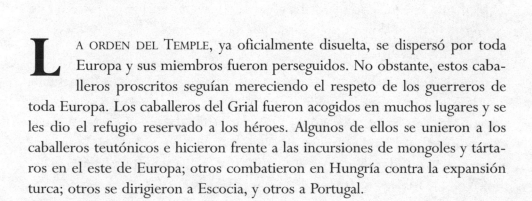

L A ORDEN DEL TEMPLE, ya oficialmente disuelta, se dispersó por toda Europa y sus miembros fueron perseguidos. No obstante, estos caballeros proscritos seguían mereciendo el respeto de los guerreros de toda Europa. Los caballeros del Grial fueron acogidos en muchos lugares y se les dio el refugio reservado a los héroes. Algunos de ellos se unieron a los caballeros teutónicos e hicieron frente a las incursiones de mongoles y tártaros en el este de Europa; otros combatieron en Hungría contra la expansión turca; otros se dirigieron a Escocia, y otros a Portugal.

La flota perdida de los templarios

LOS MISTERIOSOS CABALLEROS TEMPLARIOS disponían de una vasta red de comunicaciones marítimas, y es posible que hasta hubiesen heredado algunos de los mapas y otros secretos de los fenicios. De la flota templaria hablan Michael Baigent y Richard Leigh en su libro Masones y templarios[3]. Señalan que los templarios tenían una gran flota a su disposición, fondeada tanto en puertos franceses e italianos del Mediterráneo como en puertos del norte de Francia, Flandes y Portugal:

En general, la flota templaria operaba en el Mediterráneo —transportaba hombres y mercancías a Tierra Santa e introducía en Europa materias primas de Oriente Medio. Esta misma flota operaba también en el Atlántico, pues los templarios mantenían una importante relación comercial con las islas Británicas y, muy probablemente, con la Liga Hanseática del Báltico. Por esta razón, las comunidades templarias de Europa, sobre todo las de Inglaterra e Irlanda, solían estar situadas en la costa o a orillas de ríos navegables. El puerto atlántico de mayor importancia para los templarios era La Rochelle, pues estaba bien comunicado con los puertos mediterráneos. La tela, por ejemplo, podía transportarse de Inglaterra a La Rochelle a bordo de barcos templarios, y por tierra a un puerto mediterráneo como Colliure, para volver a cargarse en barcos templarios y ser llevada a Tierra Santa. Mediante este método se evitaba atravesar el siempre peligroso estrecho de Gibraltar, habitualmente controlado por los sarracenos.[3]

Cuando Felipe IV ordenó las redadas de la madrugada del 13 de octubre de 1307, la flota templaria fondeada en La Rochelle ya había sido avisada. La flota al completo zarpó y escapó así a la persecución del monarca. Nunca más se supo de ella. El 13 de octubre de 1307 cayó en viernes, lo cual dio origen a la creencia popular de que el viernes 13 era un día funesto, al tratarse del día en el que habían sido proscritos los templarios.[*]

La desaparición de la flota templaria se ha convertido en uno de los grandes misterios de la Historia. ¿Qué fue de aquella importante flota de barcos? ¿Se dispersó por los siete mares o se reagrupó en algún lugar secreto?

En *Masones y templarios*[3], Baigent y Leigh sostienen que la flota templaria escapó en masa de los distintos puertos del Mediterráneo y del norte de Europa y se dirigió a un destino misterioso en busca de asilo político y seguridad. Dicho destino era Escocia.

Puerto de La Rochelle, en el suroeste de Francia.

La flota del Mediterráneo tuvo que atravesar el peligroso estrecho de Gibraltar, y es probable que después recalase en varios puertos portugueses favorables a los templarios, como el castillo de Almourol. Portugal era uno de los pocos países donde podían recibir asilo; un país que, a diferencia de España, era en gran medida favorable a la orden del Temple.

El castillo de Almourol, situado cerca de Abrantes, en el centro de Portugal, es un ejemplo típico de fortificación marítima y de fortaleza templaria. Dotado de torres y almenas, se levanta en un islote rocoso cubierto de vegetación en mitad del Tajo. Debido a su emplazamiento tan espectacular, el castillo ha dado origen a un folclore romántico de caballeros, navegantes y piratas. La obra en prosa *Palmeirim de Inglaterra* del escritor portugués Francisco de Morais describe combates y duelos a espada al pie de las murallas, y el gigante del lugar recibe el nombre de Almourol.

El castillo de Almourol fue construido en 1171 por Gualdim Pais, maestre de la orden del Temple, sobre las ruinas de un antiguo castillo romano (y posiblemente fenicio). Gualdim Pais era uno de los muchos nobles portugueses nombrados maestres templarios, grandes navegantes y propietarios de imponentes castillos No debemos pasar por alto ni subestimar el papel de Portugal al investigar la flota perdida de los templarios y el reagrupamiento definitivo de los templarios como masones, piratas y los portugueses caballeros de Cristo.

El gigante que custodia el castillo de Almourol en Portugal. Ilustración de *Palmerín de Inglaterra*.

En Portugal, los templarios conservaron una organización cohesionada y simplemente cambiaron su nombre por el de caballeros de Cristo. Contaron con el apoyo real, con lo cual a la Iglesia no le quedó más remedio que hacer la vista gorda. El rey Alfonso IV fue nombrado gran maestre de los «nuevos» caballeros de Cristo. Más adelante, el infante Enrique el Navegante también se convertiría en gran maestre de los templarios.

La curiosa historia de Portugal, y más adelante la de Brasil, está ligada a la de los templarios y su flota perdida. Hasta el nombre mismo de Portugal resulta curioso. Se ha llegado a aventurar que su origen está en el nombre templario «Port-O-Gral» (Puerto del Grial).

Portugal ha mantenido siempre fuertes lazos con Inglaterra, y uno se pregunta si este hecho no tendrá algo que ver con los templarios y su flota en Portugal. ¿Cómo consiguió el pequeño Portugal mantener su independencia en la península Ibérica? ¿Fue gracias a su estrecha relación con los templarios y los antiguos navegantes? Más adelante, Brasil, su colonia transatlántica, se fundaría de un modo muy parecido al de Estados Unidos, como una unión de estados independientes creada por un conjunto de logias masónicas.

La última batalla de los templarios

SEGÚN BAIGENT Y LEIGH, la flota templaria zarpó de Portugal y remontó la costa occidental de Irlanda hasta llegar a los puertos seguros de Donegal y el Ulster, donde había numerosas propiedades templarias y el contrabando de armas a Argyll era algo habitual.

La flota templaria atracó en Argyll tras costear por el sur las islas de Islay y Jura y adentrarse en el canal de Jura, donde los templarios descargaron hombres y mercancías en sus fortalezas escocesas de Kilmory, Castle Sweet y Kilmartin.

Roberto Bruce controlaba algunas zonas de Escocia, pero no todas. Ciertas zonas importantes de los Highlands del norte y del sur estaban en manos de clanes aliados con los ingleses. Roberto Bruce había sido excomulgado por el Papa en 1306, un año antes de dar comienzo la persecución a los templarios. En lo fundamental, el decreto papal que declaraba ilegal a la Orden no se aplicaba en Escocia, o al menos en las zonas controladas por Bruce.

El momento exacto en el que la balanza se inclinó del lado de Bruce, Escocia y (quizá) los templarios fue la famosa batalla de Bannockburn. Aunque el lugar exacto de la batalla sigue siendo una incógnita, se cree que tuvo lugar a menos de cuatro kilómetros del castillo de Stirling, al sur de Edimburgo.

El 24 de junio de 1314, Roberto I Bruce, rey de Escocia, secundado por 6.000 escoceses, derrotó milagrosamente a 20.000 soldados ingleses. Nunca se ha sabido qué sucedió exactamente. Hay quien cree que lo consiguió gracias a la ayuda adicional de un contingente de caballeros templarios.

Baigent y Leigh lo explican en su libro: «Casi todos los historiadores coinciden en que el ejército escocés estaba compuesto en su mayoría por soldados de infantería armados de picas, lanzas y hachas. También coinciden en que los únicos que llevaban espada en el bando escocés eran los hombres a caballo, y que Bruce contaba con muy pocos de esos hombres...»[3]

De repente, en el fragor de la batalla, con un ejército inglés que triplicaba en número al escocés, se produjo una carga desde la retaguardia escocesa.

Una nueva oleada de jinetes cuyos estandartes ondeaban al viento se acercaba al galope para enfrentarse a los ingleses. El ejército inglés, aterrorizado ante la visión del nuevo contingente, huyó despavorido del campo de batalla. Según Baigent y Leigh, «... tras un día de combate que había agotado a ambos ejércitos (...) el pánico cundió entre las filas inglesas. Eduardo II huyó del campo de batalla junto a 500 de sus caballeros. Desmoralizados, los soldados de infantería ingleses siguieron su ejemplo, y la retirada degeneró rápidamente en una desbandada

Tumbas de los caballeros templarios Sinclair en la iglesia de Danbury, Escocia.

masiva en la que el ejército inglés al completo abandonó víveres, pertenencias, dinero, objetos de oro y plata, armas, armaduras y pertrechos varios. Pero aunque las crónicas hablan de una matanza atroz, no parece que las bajas inglesas fuesen demasiado numerosas: sólo hay constancia de las muertes de un conde y de 38 barones y caballeros. La causa de la derrota inglesa, más que a la ferocidad de la ofensiva escocesa —que estaban consiguiendo mantener a raya—, parece que se debió al miedo.»[3, 13]

Dohw navegando.

En realidad, lo que al parecer se produjo fue una carga contra las huestes inglesas por parte de los templarios, ataviados con sus uniformes e insignias. Estos veteranos de las cruzadas eran considerados los Boinas Verdes o las Fuerzas Especiales de la Edad Media. Todos dejaron de combatir para contemplar la carga de los templarios, con sus estandartes blancos y cruces rojas ondeando sobre aquellos caballeros del Grial al galope. El espectáculo asustó a las fuerzas inglesas hasta tal punto que, a pesar de ser superiores en número, prefirieron huir antes que luchar.

Es probable que la estrategia subyacente a la carga de los templarios (inspirada por la secta musulmana de los hashashins —v. cap. 4) fuese la de atravesar el campo de batalla para llegar hasta Eduardo II y su guardia personal. Una vez entablado combate con los oficiales al mando del ejército inglés, a estos avezados veteranos de guerra no les habría resultado difícil derrotar a los caballeros del rey e incluso llegar a matar a este último. Como ya hemos apuntado, Eduardo II y su guardia personal huyeron nada más ver la carga de los templarios.

De este modo, Escocia se mantuvo como reino independiente, libre de la dominación de Roma y del Papa, y se convirtió en refugio de la flota templaria desaparecida y de los propios caballeros.

Pero ¿qué fue de esa flota desaparecida? ¿Permaneció fondeada en Escocia? ¿Cruzó el Atlántico cien años antes que Colón? ¿Se convirtió en una de las grandes flotas de los reyes portugueses y escoceses? ¿Se transformó en una flota de piratas que atacaban a los barcos leales al Papa y al Vaticano? Quizá todo lo anterior sea cierto.

Los piratas, guardianes de la Sangreal

SEGÚN MICHAEL BRADLEY, autor de *Holy Grail across the Atlantic*[9], la exterminación y dispersión de los templarios tuvo varias repercusiones en Europa. La más importante fue un recrudecimiento de la piratería.

Bradley sostiene que los templarios eran los guardianes del Santo Grial, que contenía la «Sangreal» o Santa Sangre. Cuentan que los descendientes de Jesucristo, instalados en el sur de Francia, tuvieron que ser evacuados debido a un terrible asedio en marzo de 1244. Es probable que se viesen obligados a esconderse en cuevas secretas de los Pirineos durante meses o incluso años, según relata cierta poesía trovadoresca.

En aras de la seguridad a largo plazo de los templarios y de la Santa Sangre, la Orden y el Grial debían salir de Francia y, en última instancia, abandonar Europa. Según Bradley, el río Garona era la ruta de escape más lógica, ya que nace en los Pirineos y atraviesa el sur de Francia para desembocar en el estuario del Garona, en la costa atlántica, precisamente donde se encuentra La Rochelle, base de la flota templaria. De camino, quizá utilizasen como refugio durante dos o tres generaciones la ciudad y la fortaleza de Angulema. Mientras los templarios siguiesen siendo una orden cohesionada e independiente, había esperanza de que la estirpe pudiese seguir oculta en Europa y comenzase a recuperar su fortuna.

Bradley cree que alguno de los barcos desaparecidos en 1307 transportaba el Santo Grial. Quizá el tesoro de los templarios no constase sólo de miembros de la antigua familia real merovingia, sino también de un amplio surtido de bienes tangibles, incluida una fortuna en monedas de oro, cruces, joyas y posiblemente hasta el famoso cáliz de la Última Cena o, por increíble que parezca, el Arca de la Alianza. Siempre ha corrido el rumor de que ambos obraban en su poder, aunque la mayoría de historiadores lo ubican en el terreno de la fantasía, al igual que el resto de historias relativas al Santo Grial. La famosa Lanza del Destino estaba en manos de los caballeros de Malta, que la habían obtenido de los otomanos (v. cap. 2).

Bradley coincide con Baigent y Leigh en que la flota templaria se dirigió hacia el norte, hacia el mar de Irlanda y su destino final: los fiordos occidentales de Escocia, evitando la costa irlandesa, ya que sus puertos estaban controlados por fuerzas leales al Vaticano. Desembarcaron en varios puntos al norte de Glasgow, en los alrededores de Oban. Allí las tumbas templarias se señalaban con el famoso símbolo de la calavera y las tibias cruzadas, ya conocido como *Jolly Roger* La flota templaria renegada estaba controlada por la familia St. Clair (Sinclair) de Rosslyn. La guerra naval entre los templarios y el Vaticano estaba a punto de comenzar.

La flota se dividió en dos: una parte habría de establecerse en las islas Orcadas y prepararse para los ambiciosos viajes de Sinclair a Norteamérica; la otra habría de izar la *Jolly Roger* y surcar el Atlántico y el Mediterráneo para atacar a los barcos asociados con el Vaticano y con los reyes que apoyaban a la Iglesia Católica Romana.

Los piratas hacían ondear la *Jolly Roger*, banderas con símbolos masónicos y de navegación.

Refiriéndose a los barcos templarios que habrían de convertirse en los primeros piratas, Bradley añade: «Parece que se utilizaron otros navíos para devolverle el golpe a la detestada Iglesia Romana y a los monarcas y países leales a ella. En esta época se produce en Europa un recrudecimiento de la piratería, y sus métodos parecen apuntar a que muchos piratas no eran simples filibusteros que atacasen a cualquiera, sino piratas muy curiosos que limitaban su atención a las embarcaciones pontificias y leales a la Iglesia Católica».[10]

Más adelante, marinos británicos como el capitán Drake (cuyo apellido significa «dragón») elevarían la piratería a la categoría de negocio, pero mientras la Inquisición estuvo instalada sólo en España, sus ataques se limitaron a barcos españoles y católicos. Cuando la Inquisición española se instaló en el Nuevo Mundo, a partir de 1492, los «piratas» templarios extendieron sus ataques al Caribe y, finalmente, también a los puertos del Pacífico de Perú y México, en nombre de una guerra naval que se venía librando durante más de 200 años.

A estos primeros piratas los rodeaba un halo de misterio: eran una armada clandestina que supuestamente no existía. Una armada que había llegado al Nuevo Mundo un siglo antes que los españoles. Su bandera habría de convertirse en el símbolo tanto de los masones como de los piratas: la calavera y las tibias cruzadas, mundialmente conocida como *Jolly Roger*.

El reino de *Jolly Roger*

EL PRIMER CASO HISTÓRICO CONOCIDO de una flota de barcos que enarbolase dicha bandera fue la del rey Roger de Palermo, también conocido como Roger de Sicilia y Jolly* Roger. El rey Roger era un templario normando que había conquistado Sicilia en la época del reino de Jerusalén.

Dado que la flota templaria no podía hacer ondear su bandera original con la cruz roja sobre fondo blanco, comenzaron a utilizar una nueva, la bandera de guerra de una armada prácticamente derrotada. Mientras que algunos de los barcos templarios engrosaron las filas de la armada portuguesa y navegaron bajo pabellón portugués, el resto de los barcos, que solía navegar bajo las órdenes de capitanes ingleses o franceses, izó una bandera negra con una calavera y dos tibias cruzadas.

La *Jolly Roger* fue bautizada así en honor a Roger II de Sicilia (1095-1154). Se cree que Roger pudo haber estado vinculado a los templarios durante las cruzadas hasta el punto de conquistar Apulia y Salerno en el año 1127, a pesar de la oposición del papa Inocencio II. Su corte estaba llena de bailarinas, música y artistas, y era conocido por el sobrenombre de *Jolly Roger*. Su enemistad con el Papa era por todos conocida, especialmente por marineros y comerciantes.

El reino de Jerusalén había sido creado por los templarios como un reino cristiano, controlado por los caballeros y su rey. El primer monarca de Jerusalén fue Balduino I, hermano de Godofredo de Bouillon, a quien había acompañado en la primera cruzada. Godofredo de Bouillon (1058-1100), duque de la Baja Lorena, había dirigido la primera cruzada, que dio origen a los caballeros de San Juan u hospitalarios (más adelante reconvertidos en caballeros de Malta —v. cap. 2). Godofredo de Bouillon fue elegido rey de Jerusalén, ciudad que había ayudado a capturar, pero prefirió asumir el título de «defensor del Santo Sepulcro».

Balduino I fue coronado rey de Jerusalén en el año 1100, año en el que todos los puertos importantes de Palestina habían sido tomados por templarios y hospitalarios.

Su primo y sucesor, Balduino II (Balduino du Bourg), luchó contra los turcos en el norte de Siria y anexionó Tiro y Antioquía al reino de Jerusalén. Es probable que también pactase con los hashashins.

A Balduino II, que murió en 1131, le sucedió Balduino III (hijo de Fulko de Anjou), quien reinó de 1130 a 1162. Los estados latinos cruzados del Mediterráneo Oriental entraron en decadencia: Edesa fue tomada por los musulmanes en 1144 y la segunda cruzada acabó en fracaso, con la conquista del norte de Siria en 1154 a manos del sultán Nur al Din.

El reino de Jerusalén vivió sus momentos de mayor decadencia durante el reinado de Balduino IV el Leproso, entre los años 1174 y 1183. Se pasó sus años en el trono defendiendo el reino contra Saladino y su ejército, cada vez más poderoso. Discapacitado por la lepra, hizo de Guido de Lusignan su lugarteniente, pero retiró su nombramiento y en 1183 hizo coronar a su sobrino de cinco años, que bajo el nombre de Balduino V reinó hasta el hundimiento del reino en 1186.

Casi un siglo antes, dos hermanos normandos, Roger y Roberto Guiscardo, habían creado un pequeño reino templario a partir de Sicilia, Apulia y Calabria, en el extremo sur de Italia. Apulia y Calabria eran antiguos estados bizantinos, mientras que Sicilia había estado controlada por los árabes del norte de África desde 1057. Las guerras siguieron devastando el sur de Italia y Sicilia hasta que esta última fue liberada del dominio musulmán en 1091.

A Roberto Guiscardo (c. 1015-1085) lo conocemos por ser el normando que conquistó el sur de Italia. Era hijo de Tancredo de Hauteville, un noble normando. Sus hermanos Guillermo Brazo de Hierro, Dreu y Unfrido Guiscardo lo habían precedido en Italia y habían conquistado Apulia en 1042. Roberto se convirtió en conde de Apulia en 1057, y en 1059 el Papa le concedió este ducado y tierras del sur de Italia que habían sido arrebatadas —o estaban a punto de serlo— por los normandos a los bizantinos y a los árabes.

Roberto proclamó a su hermano Roger conde de Sicilia y Calabria en 1072. En 1081, Roberto llevó a cabo una expedición contra los restos del Imperio Bizantino. Tomó Corfú y venció a Alejo I, pero regresó en 1083 para apoyar al papa Gregorio VII contra el emperador Enrique IV. Durante un breve período de tiempo tuvo el control de Roma, ciudad que saqueó en 1084. Ese mismo año, tras ser expulsado por Enrique, retomó sus campañas en el Mediterráneo oriental, y murió de fiebres en 1085 en la isla de Cefalonia. Sus posesiones del sur de Italia pasaron a su hijo y a su nieto hasta que fueron anexionadas por *Jolly Roger*, o el rey Roger II de Sicilia.

El conde Roger I murió en 1101 dejándole Sicilia a su hijo y sucesor, Roger II (c. 1095-1154). Este es el Roger que habría de convertirse en el famoso *Jolly Roger* y en el mítico patrón de la flota perdida de los templarios y de los piratas que vinieron a continuación.

Fue en algún momento de ese período —cuando la flota de los hermanos normandos operaba en la zona comprendida entre el norte de Francia y Sicilia y el mar Egeo– cuando izaron por primera vez la bandera con la calavera y las tibias cruzadas. El rey Roger II la utilizó en sus barcos con toda seguridad.

Roger II continuó con las conquistas normandas en Sicilia y el sur de Italia, y conquistó Apulia y Salerno (1127), a pesar de la oposición del papa Inocencio II. Fue coronado rey de Sicilia por el antipapa Anacleto II en 1130. Inocencio II acabó cediendo y le otorgó a Roger las tierras que éste ya poseía. Roger II creó una administración central fuerte y se hizo famoso por su brillante corte de Palermo, convertida en centro de las artes, las letras y la

Caballero cruzado con banderín.

ciencia. En muchos sentidos, el Renacimiento se fraguó en la corte de *Jolly* Roger en Palermo.

Roger II creó también una escuela de navegación en Sicilia —aislada del Vaticano tanto por el mar como por su flota— que contaba con geógrafos judíos e islámicos como asesores. El geógrafo árabe Ibn Idrisi, atraído por la corte de Roger, fabricó dos discos, uno celeste y otro terrestre, ambos en plata, que representaban todo el conocimiento astronómico y geográfico de la época, respectivamente. Idrisi y Roger también elaboraron el importante tratado de navegación *Al Rojari*. Roger era aficionado a la poesía amorosa islámica y hebrea, y le gustaban las mujeres hermosas que se ajustaban a las descripciones de los poemas.

Por medio de los geógrafos árabes de su corte, Roger empezó a conseguir importantes mapas que los musulmanes habían obtenido de bibliotecas como la de Alejandría, en Egipto. Hablaremos de este tema en el Capítulo 5.

El recrudecimiento de la piratería tras la supresión de los templarios

MICHAEL BRADLEY CONSIDERA QUE LA DISPERSIÓN de los templarios tuvo varias repercusiones inmediatas en Europa. La primera fue un recrudecimiento de la piratería en los siglos XIV y XV.

La segunda fue que, allí donde los templarios se instalaron conservando una cierta cohesión, se realizaron inmediatamente expediciones al Atlántico. En Portugal los templarios no se vieron obligados a pasar a la clandestinidad, simplemente cambiaron su nombre por el de caballeros de Cristo, orden de la que el rey Alfonso IV fue muy pronto nombrado gran maestre. ¿Es casualidad que Alfonso IV comenzase a enviar barcos al Atlántico acto seguido?

El príncipe Enrique el Navegante continuó la tradición de explorar el Atlántico de su padre. También él se convirtió en gran maestre de los caballeros de Cristo, la nueva orden templaria en Portugal.

En su libro *Conquest by man,* el historiador alemán Paul Herrmann señala: «El rey Alfonso IV (1325-1357) puso en marcha las expediciones hacia el oeste, probablemente a las Canarias, ya en el primer cuarto del siglo XIV. El infante Enrique el Navegante (1394-1460) continuó con esta tradición, con el objetivo de descubrir una ruta marítima a la India costeando el extremo sur de África».[51]

Ya hemos apuntado que los templarios huyeron a Escocia, donde consiguieron mantener cierta cohesión bajo la protección de los famosos Sinclair. En los dominios de los Saint-Clair en Rosslyn hay un cementerio templario que se ha convertido en una atracción turística. En Escocia, los templarios no intentaron crear una nueva orden, sino que eligieron difundir su doctrina secreta mediante la creación de la francmasonería, de nuevo bajo el liderazgo de los poderosos Saint-Clair. ¿También es casualidad que los viajes hacia el oeste desde Escocia comenzasen una generación después de establecerse allí los templarios?

Proscritos los templarios y desaparecida su flota, los piratas comenzaron a surcar el Atlántico y el Mediterráneo bajo su símbolo característico: la *Jolly*

Roger. Sólo atacaban a barcos españoles, franceses, italianos u otros aliados de Roma. Los portugueses estaban a salvo en su mayoría. ¿Quizá porque era de sobra conocido que Portugal era refugio de caballeros templarios?

Algunos autores, entre ellos Baigent, Lincoln y Bradley, sostienen que la calavera y las tibias cruzadas están grabadas en numerosas tumbas templarias y masonas y no son otras cosa que la antigua «cruz paté» templaria elaborada a partir de huesos humanos, donde los extremos de los huesos sustituyen a la forma de cuña de la cruz templaria. En opinión de Bradley, su mensaje no admite dudas: es un juramento neotemplario para luchar contra la Iglesia Católica hasta la muerte, y de ahí el simbolismo de huesos humanos tanto en la bandera como en las lápidas templarias y masonas.

Tumba templaria en Escocia, marcada con la calavera y las tibias cruzadas.

Así pues, la flota templaria se dividió en cuatro partes: la flota de *Jolly Roger* de Sicilia, la armada portuguesa de los caballeros de Cristo, los piratas que enarbolaban la bandera negra de la calavera y las tibias cruzadas, y la flota noruego-escocesa que, partiendo de las islas Orcadas, llegaría a Nueva Escocia, en Canadá.

La guerra naval secreta contra el Vaticano había comenzado. Una guerra que afectaría a imperios transatlánticos, produciría enormes tesoros y daría lugar a ataques piratas en los que se verían involucradas flotas enteras. Una guerra entre banderas. ¿Cuál de las dos ondearía sobre los siete mares?

Además, los templarios poseían mapas antiguos en los que figuraban algunas de las tierras al otro lado del Atlántico. ¿De dónde habían sacado dichos mapas, que los animaron a realizar largos viajes hacia lo desconocido? Esta pregunta nos lleva a hablar de los mapas de los antiguos reyes del mar. Pero antes detengámonos en unos rivales de los templarios: los hashashins.

Tumbas templarias en Escocia.

Cuando alguien es puro de corazón, cumple todos
los preceptos y mandamientos aunque no los conozca.
LIGIA DANTES

La manera más rápida de triunfar es aparentar que juegas según las reglas de los demás mientras tú,
tranquilamente, juegas según las tuyas.
MICHAEL KORDA

CAPÍTULO 4 LOS TEMPLARIOS Y LOS HASHASHINS

E N CIERTO MODO, para entender cómo la flota perdida de los templarios acabó convirtiéndose en la flota pirata de antaño, debemos prestar atención a la extraña asociación entre los templarios y una hermética secta islámica conocida como los hashashins (derivado del árabe *hashashin*, «consumidor de hachís»).

Al igual que los templarios, los hashashins han tenido una influencia enorme en la historia y en la cultura occidentales. Fueron ellos quienes desarrollaron y refinaron lo que hoy denominaríamos operación de «decapitación». En lugar de enviar a miles de soldados a la muerte para crear un nuevo orden político o eliminar a un personaje indeseado, enviaban a uno o a varios hashashins a realizar el trabajo. Una vez eliminado el líder de un ejército o de una región, dicho ejército se retiraría y ganarían la batalla sin haber tenido que sacrificar demasiadas vidas.

Los templarios habrían de aprender de primera mano la audaz estrategia de los hashashins durante las cruzadas y, según parece, asimilaron algunas de sus técnicas a su propia metodología. Los templarios hicieron gala de un movimiento de «decapitación» en la batalla de Bannockburn, cuando hacia el final de la refriega cargaron contra la realeza inglesa —que estaba contemplando la batalla desde la cima de un promontorio cercano— con la intención de acabar con Eduardo II. Los ingle-

Los cruzados se enfrentaron a los ejércitos egipcios y turcos.

ses, incluido el rey, prefirieron huir del campo de batalla antes que ser «asesinados» por el contingente de templarios que apoyaba a los escoceses.

El origen de los hashashins

LA TRISTEMENTE CÉLEBRE SECTA DE LOS HASHASHINS nació de una escisión de la rama chiita del Islam, una facción ismaelita denominada nizarí. La fundó a mediados del siglo XI un persa llamado Hassan Sabbah («Hassan, hijo de Sabbah»).

Hassan Sabbah nació en torno a 1055 y murió en 1124. Era hijo de un musulmán chiita llamado Alí Sabbah, que vivía en la ciudad persa de Qum y alegaba que sus antepasados eran árabes de Kufa, en Irak. Dado que el gobernador de la provincia era un musulmán sunita, Alí Sabbah no ahorró esfuerzos a la hora de hacerse pasar por sunita, ya que los chiitas sufrían persecución. Alí Sabbah acabó retirándose a un monasterio, y envió a su hijo Hassan Sabbah a una escuela sunita ortodoxa. Pero aquella no era una escuela cualquiera, era el círculo de discípulos presidido por el temible imam Muwafiq. Se decía que todo aquel que se matriculase en su escuela alcanzaría un gran poder en el futuro.

Según relata Arkon Daraul en su famoso libro *Sociedades secretas*[7], Hassan

Retrato victoriano de los hashashins.

Sabbah conoció en la escuela a Omar Jayyam, poeta y astrónomo —además de fabricante de tiendas—, que acabaría siendo el poeta laureado de Persia. Otro de sus compañeros de escuela era Nizam al Mulk, que pasó de ser un campesino a convertirse en primer ministro. Según la autobiografía de Nizam, los tres hicieron un pacto que establecía que quien subiese más alto en el escalafón ayudaría a los demás. Nizam fue el primero en alcanzar el poder, convirtiéndose primero en cortesano y más tarde en visir de Alp Arslan, el sultán turco de Persia.

Nizam ayudó a Omar conforme a su promesa y le garantizó una pensión que le aseguraría una vida relajada y llena de lujo en su querida Nishapur, donde escribió gran parte de sus poemas *Rubaiyyat* Mientras tanto, Hassan Sabbah se mantuvo en la sombra, recorriendo Oriente Medio, esperando a que llegase su oportunidad de conquistar el poder con el que había soñado. El sucesor de Arslan el León fue Malik Shah, y Nizam se convirtió en su visir. Fue entonces cuando Hassan Sabbah se presentó ante Nizam, exigiéndole un lugar en la corte. Encantado de cumplir su promesa juvenil, el visir le consiguió un puesto de favor, y en su autobiografía cuenta lo sucedido a continuación: «Había sido nombrado ministro gracias a mis enérgicas y desmesuradas recomendaciones. Sin embargo, al igual que su padre, resultó ser un impostor, un hipócrita y un granuja egoísta. Era tan hábil en el arte del disimulo que aparentaba ser una persona piadosa cuando no lo era, y sin mediar mucho tiempo se había ganado al Sha por completo.»[7]

En este cuadro de la época, los cruzados se enfrentan a los sarracenos.

Malik Shah era joven e inexperto, y Hassan Sabbah estaba versado en el arte chiita de ganarse a la gente bajo una apariencia de honradez. Nizam, que seguía siendo el hombre más importante del reino y contaba con un brillante historial de honradez y transparencia en su trato con la gente, comenzó a sospechar de Hassan Sabbah y de sus intenciones.

En 1078, Malik Shah pidió un informe completo de ingresos y gastos del imperio, y Nizam le contestó que tardaría un año en realizarlo. Hassan Sabbah aseguró que él podía hacerlo en cuarenta días, y se ofreció a demostrarlo. La tarea le fue asignada, y las cuentas se realizaron en ese tiempo, pero al final algo salió mal. La opinión generalizada es que Nizam contraatacó en el último momento. Se le atribuyen las palabras: «Por Alá, este hombre nos destruirá a todos a menos que sea desplazado del poder, aunque no puedo matar a mi amigo.»[7]

Sea cual sea la verdad, parece ser que Nizam se las arregló para introducir tales disparidades en la versión caligráfica final de las cuentas que, cuando Hassan Sabbah comenzó a leerlas, parecían tan absurdas que el Sha, furioso, ordenó que fuese desterrado. Al haber asegurado que el informe estaba escrito de su puño y letra, Hassan Sabbah no pudo justificar sus increíbles deficiencias.

Hassan Sabbah tenía amigos en Isfahan, ciudad adonde huyó. Queda constancia de lo que allí dijo, lo cual arroja una luz interesante sobre sus ideas en aquel momento. Uno de sus amigos, Abu al Fazal, señaló que Hassan Sabbah, tras relatar la amarga historia de su perdición, gritó las siguientes palabras en un estado de furia incontrolable: «Sólo con tener dos partidarios que me apoyasen, forzaría la caída del turco y del campesino».

Fazal añade que Hassan Sabbah se había vuelto loco con sus visiones de venganza. Insistía en que estaba tramando un plan para recuperar su posición de poder, y se marchó a Egipto a perfeccionarlo.

Fazal habría de convertirse en uno de los partidarios del líder de los hashashins, y dos décadas después Hassan Sabbah le recordaría aquel día en Isfahan: «Aquí estoy, en Alamut, dueño de todo hasta donde alcanza la vista y más. El sultán y ese campesino del visir están muertos. ¿Acaso no he cumplido mi promesa? ¿Estaba tan loco como pensabais? Encontré a mis dos partidarios, los que necesitaba para realizar mis planes.»[7]

Hassan Sabbah había sido educado según la doctrina secreta del ismaelismo, y era capaz de reconocer las posibilidades de poder que le ofrecía. Sabía que en El Cairo había un núcleo poderoso de ismaelitas. Según su partidario Fazal, ya contaba con un plan para transformar a aquella gente en fanáticos disciplinados y devotos, dispuestos a morir por su líder.

Afirma Fazal que Hassan Sabbah había decidido que no bastaba con prometer a la gente el paraíso, la realización y la felicidad eterna. Había que enseñárselos, dárselos a probar bajo la forma de un paraíso artificial, donde hermosas mujeres tocasen música y de sus fuentes manasen aguas perfumadas, donde cualquier deseo sensual pudiese realizarse entre hermosas flores y pabellones dorados. Eso fue lo que consiguió en su fortaleza de Alamut, en el noroeste de Persia. Pero antes habría de realizar su histórico viaje a El Cairo.

En lo que se supone que es un relato autobiográfico de sus primeros días, descubrimos detalles del viaje y de la mentalidad de Hassan Sabbah. Según sus propias palabras, su padre lo había educado en la creencia del derecho divino de los imames. Durante el viaje se encontró con un misionero ismaelita, el emir Dhareb, cuya visión de la doctrina criticó enérgicamente. Poco después cayó gravemente enfermo y temió morir, y comenzó a creer que la doctrina ismaelita podía ser el camino a la redención y el paraíso. Si moría sin haberse convertido, podía ser condenado. Así pues, en cuanto se hubo recuperado buscó otro imam ismaelita, Abu Najam, y otros más a continuación. Finalmente, llegó a Egipto para estudiar la doctrina en su sede principal, la Morada del Saber.

Debido a su anterior posición en la corte de Malik Shah, el califa lo recibió con todos los honores. Los ismaelitas egipcios se mostraron entusiasmados ante la llegada de tan ilustre converso, y los altos funcionarios de la corte le dieron mucha publicidad al asunto. Pero a la larga, su relación con los ismaelitas habría de reportarle más beneficios a Hassan Sabbah que a ellos. Como siempre, se vio implicado en intrigas políticas y fue detenido y encerrado en una fortaleza. Cuenta la leyenda que al entrar por la puerta de la prisión se hundió un minarete, y de algún modo inexplicable aquello fue interpretado como una profecía de que Hassan Sabbah era en realidad una persona protegida por la divinidad.

El califa, que precipitadamente le había hecho entrega a Hassan Sabbah de numerosos regalos valiosos, lo subió a un barco con rumbo al noroeste de África. Se desencadenó una tormenta atroz, que aterrorizó tanto al capitán como a la tripulación y a los pasajeros. Todos se pusieron a rezar, y le pidieron a Hassan Sabbah que se uniese a ellos, pero él se negó. «La tormenta es obra mía, ¿cómo voy a rezar para que amaine?», les increpó. «Con ella he mostrado el desagrado del Todopoderoso. Si nos hundimos, no moriré, pues soy inmortal. Si queréis salvaros, tened fe en mí y haré que los vientos se calmen.»

Al principio, su oferta no fue aceptada. Sin embargo, cuando el barco estaba a punto de volcar, los pasajeros, desesperados, le juraron lealtad eterna. Hassan Sabbah se mantuvo tranquilo hasta que amainó la tormenta. El barco llegó a la costa de Siria, donde desembarcó Hassan Sabbah con dos de los pasajeros, quienes se convirtieron en sus primeros discípulos.

Embarque de suministros para los cruzados.

Hassan Sabbah aún no estaba listo para llevar a cabo su misión tal como él la vislumbraba. De momento, viajaba haciéndose pasar por misionero del califa en El Cairo. Desde Alepo llegó a Bagdad en busca de un cuartel general donde poder estar a salvo de intromisiones y sentirse lo bastante seguro para expandirse desde allí. Su camino volvió a llevarle a Persia; recorrió el país convirtiendo a la gente a sus ideas, que al parecer seguían basándose en las doctrinas secretas de los ismaelitas egipcios. Allá donde creaba un discípulo realmente devoto *(fedai),* le pedía que se quedase en aquel lugar para realizar labores de proselitismo. Estos círculos se convirtieron en caldo de cultivo de donde saldrían, dispuestos a sacrificarse, los conversos más prometedores. De este modo entraron en funcionamiento, a los pocos meses de su regreso a su país, unos centros de entrenamiento en miniatura, creados a imagen de la Morada del Saber.

En el curso de sus viajes, un lugarteniente de confianza –un tal Hussein Kahini– puso en conocimiento de Hassan que la fortaleza de Alamut estaba situada en un lugar ideal para practicar el proselitismo. De hecho, casi toda la gente de aquel lugar había sido ganada para la causa ismaelita. El único obstá-

Caballeros hospitalarios en Rodas, poco antes de trasladarse a Malta y cambiar su nombre por el de caballeros de Malta.

culo era el gobernador Alí Mahdi, que consideraba al califa de Bagdad su señor espiritual y terrenal. Los primeros conversos habían sido expulsados de la región; sin embargo, en cuestión de meses, se contaban tantos ismaelitas entre la población que el gobernador se vio obligado a admitir su regreso.

Alamut, la fortaleza de los hashashins

Alamut era una fortaleza prácticamente inexpugnable situada en un valle escondido, y a Hassan Sabbah le pareció el lugar idóneo para la creación de su paraíso artificial. El futuro propietario de Alamut decidió recurrir a una artimaña. Le ofreció al gobernador local tres mil monedas de oro por «la cantidad de terreno que pudiese abarcar la piel de un buey». Cuando Mahdi accedió a realizar aquella venta, Hassan Sabbah cortó la piel en tiras lo más pequeñas posibles y las unió para formar una cuerda que abarcase el castillo de Alamut. Aunque el gobernador se negó a cumplir con el trato, Hassan Sabbah consiguió una orden de un alto funcionario del gobierno selyúcida según la cual la fortaleza había de ser entregada a Hassan Sabbah a cambio de tres mil monedas de oro. Aquel funcionario resultó ser un seguidor secreto del «Jeque de la Montaña», sobrenombre con el que llegaría a conocerse a Hassan.

Corría el año 1090 y Hassan Sabbah ya estaba listo para la realización de la siguiente etapa de su plan. Atacó e hizo huir en desbandada a las tropas del emir, destinadas a cargo del gobernador de la provincia, y agrupó a la gente de los barrios cercanos en una banda de trabajadores y soldados diligentes y fieles que sólo habían de rendirle cuentas a él.

En menos de dos años, un hashashin enviado por Hassan Sabbah le había asestado una puñalada en el corazón al visir Nizam al Mulk. El deseo de venganza de Hassan Sabbah hacia su compañero de clase lo había convertido en el primer objetivo de su reinado de terror. El emperador Malik Shah, que había osado enviar sus tropas contra él, murió misteriosamente, y se sospechó que podría haber sido envenenado.

Hacia 1092, Hassan Sabbah era ya el poderoso líder de una secta chiíta fuerte y en expansión denominada oficialmente ismaelitas nizaríes, aunque empezaban a ser más conocidos como «los hashashins».

A la muerte del rey, el reino se dividió en facciones enfrentadas, pero sólo los hashashins nizaríes se mantuvieron unidos. En menos de una década se habían convertido en dueños de toda Persia, y de muchas fortalezas diseminadas por todo el imperio. Todo esto lo consiguieron mediante incursiones secretas, ataques directos, dagas envenenadas y cualquier otro método que estimasen oportuno. Los líderes religiosos ortodoxos pronunciaban un entredicho tras otro contra sus doctrinas, todos en vano.

A estas alturas, la lealtad de los ismaelitas se había trasladado del califa a la persona del Jeque de la Montaña, que se convirtió en el terror de todo príncipe en aquella parte de Asia, incluidos los caudillos cruzados. «Haciendo frente al cansancio, a los peligros y a la tortura, los hashashins entregaban alegremente sus vidas cuando así lo decidía su maestro, quien requería sus servicios tanto para protegerse a sí mismo como para llevar a cabo sus órdenes de muerte. Una vez señalada la víctima, los fieles, ataviados con túnicas blancas y fajines rojos, los colores de la inocencia y la muerte, partían a cumplir su misión sin que los disuadiesen la distancia ni el peligro. Cuando daban con la persona en cuestión, esperaban el momento oportuno para darle muerte, y sus dagas rara vez fallaban su objetivo.»[7]

Marco Polo, que pasó por aquella región en 1271, describe el valle de los hashashins y la fortaleza de Alamut:

En un hermoso valle, circundado por dos montañas, había creado un lujoso jardín donde podían encontrarse frutas deliciosas y arbustos aromáticos de cualquier clase. Había palacios de distinta forma y tamaño que se levantaban en varias partes del jardín, decorado con estatuas de oro, cuadros y muebles de lujosas sedas. Pequeños conductos procedentes de los edificios traían al jardín arroyos de vino, leche, miel y agua pura que fluían en todas direcciones. Este lugar estaba habitado por elegantes y hermosas damiselas, expertas en el arte de cantar, tocar toda clase de instrumentos musicales, bailar y especialmente en el arte del coqueteo y el encantamiento amoroso. Ataviadas con lujosos vestidos, se les veía retozar y divertirse en el jardín y en los pabellones, mientras sus guardianas permanecían encerradas y no se les permitía salir. El objetivo del señor del lugar al crear tan fascinante jardín era el siguiente: al haber prometido Mahoma que aquellos que obedeciesen su voluntad disfrutarían del Paraíso, donde gozarían de toda clase de satisfacción sensual en compañía de hermosas ninfas, deseaba que sus seguidores comprendiesen que él también era un profeta y que estaba al mismo nivel que Mahoma, y que tenía el poder de admitir en el Paraíso a quien se ganase su favor. Para que nadie entrase sin su permiso en tan delicioso valle, ordenó levantar en su entrada un castillo inexpugnable, y el acceso se realizaba por un pasadizo secreto.[7]

Hassan Sabbah atrajo a chicos de los alrededores de edades comprendidas entre los doce y los veinte años, especialmente a aquellos a los que consideraba que podría utilizar como hashashins. Marco Polo continúa con su narración:

[Cada] día celebraba una audiencia, durante la cual hablaba de las delicias del Paraíso, y ordenaba que a diez o doce jóvenes se les sirviesen pócimas para dormir, y cuando ya estaban medio muertos de sueño, eran conducidos a los diferentes palacios del jardín. Al despertar de su letargo, sus sentidos se veían asaltados por todos aquellos objetos deliciosos, y se veían rodeados de adorables damiselas que cantaban, tocaban y les dedicaban las más fascinantes caricias, además de servirles deliciosas comidas y vinos exquisitos hasta que, ebrios de exceso y diversión, entre auténticos ríos de leche y vino, se creían en el Paraíso, y se mostraban reacios a renunciar a tales delicias. Pasados cuatro o cinco días, volvían a caer en un estado de somnolencia y eran llevados fuera del jardín. Al ser llamados a su presencia, y al preguntárseles dónde habían estado, su respuesta era «en el Paraíso, gracias a Su Excelencia». A continuación, ante toda la corte que los escuchaba con asombro y curiosidad, ofrecían un relato detallado de las escenas presenciadas por ellos. Acto seguido, el jefe se dirigía a ellos diciéndoles: «Nuestro profeta nos asegura que quien defienda a su Señor heredará el Paraíso, y si demostráis obediencia a mis órdenes, os espera esa suerte tan dichosa».[7]

Al parecer, algunos intentaban suicidarse para llegar al Paraíso cuanto antes, pero a los supervivientes se les decía que sólo la muerte a resultas de haber obedecido las órdenes de Hassan Sabbah les daría la llave del Paraíso. En el siglo XI, unos campesinos persas ingenuos no habrían sido los únicos en creer que todo aquello era cierto; también gente más culta aceptaba la realidad de los jardines y las visitas al Paraíso. Cierto es que muchos sufíes predicaban que el jardín era alegórico, pero aún había mucha gente que creía que podía confiar en sus sentidos.

El libro árabe *El arte de la impostura,* obra de Abderramán de Damasco, desvela otro de los ardides de Hassan Sabbah. En el suelo de su sala de audiencias había hecho cavar un agujero profundo y estrecho; uno de sus discípulos se colaba dentro, de modo que desde arriba sólo se le viesen la cabeza y el cuello. Alrededor del cuello se le colocaba una bandeja en dos piezas que encajaban, con un agujero en medio. Daba la impresión de que en el suelo había una cabeza cortada sobre una bandeja metálica. Para que la escena resultase aún más verosímil (si es que puede utilizarse esa palabra), Hassan Sabbah ordenaba derramar sangre fresca alrededor de la cabeza, sobre la bandeja.

Hacía entrar a varios reclutas. «Cuéntales», ordenaba el jefe, «lo que has visto». Acto seguido, el discípulo describía las delicias del Paraíso. «Habéis visto la cabeza de un hombre muerto, alguien a quien todos conocíais. Lo he reanimado para que os lo contase él mismo.»

Tras la extraña audiencia con la cabeza parlante, una vez que los jóvenes hashashins, convenientemente impresionados, habían abandonado la sala, Hassan Sabbah ordenaba quitar la bandeja que rodeaba la cabeza de su cómplice y, con un rápido mandoble de su espada, decapitaba —esta vez de verdad— al cómplice involuntario, cuya cabeza era expuesta durante un tiempo a la vista de todos los fieles. Este truco de magia (y el asesinato) conseguía el efecto deseado: aumentar el entusiasmo por el martirio hasta el nivel deseado.

Los hashashins combatieron en las cruzadas en el bando que en cada momento sirviese a sus propósitos. Al mismo tiempo, continuaron su lucha contra los persas. El hijo y sucesor de Nizam al Mulk fue puesto fuera de combate con la ayuda de una daga. El nuevo sultán, que había sucedido a su padre, Malik Shah,

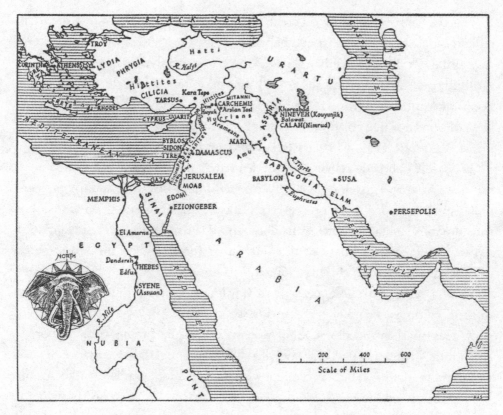

Oriente Medio en la época de las Cruzadas.

había conseguido controlar casi todos sus territorios y pensaba atacar la fortaleza de Alamut. Una mañana despertó con una daga clavada en el suelo, junto a su cabeza. Iba acompañada de una nota que le invitaba a suspender el asedio planeado para Alamut. Era indudable que se trataba de un gobernante poderoso, pero el miedo le hizo llegar a un acuerdo con los hashashins, quienes obtuvieron carta blanca a cambio de la promesa de reducir su poder militar.

Hassan Sabbah vivió 34 años a partir de su adquisición de Alamut. Se dice que sólo abandonó sus aposentos en dos ocasiones. Desde allí dominaba un imperio invisible que se extendía por todo Oriente Medio. Hacia el final de sus días comprendió que la muerte estaba cerca y, tranquilamente, comenzó a hacer planes para garantizar la perpetuidad de la orden de los hashashins.

Hassan Sabbah fue capaz de crear un estado independiente fundamentado en la teología ismaelita nizarí que habría de durar 166 años, con Alamut como su capital. A Hassan Sabbah le sucedió su general de confianza Buzurg Ummid, quien reinó como señor de los hashashins nizaríes de 1124 a 1138. Pocos días antes de su muerte, le cedió el mando a su hijo Mohamed, un hombre conservador que colaboró poco en la construcción del imperio hashashin nizarí. Reinó de 1138 a 1162, y le sucedió su hijo Hassan II.

Hassan II habría de reinar de 1162 a 1166, y llegó hasta el punto de declararse (en la «proclamación de la Qiyama») el imam ismaelita oculto, es decir, una especie de divinidad que se comunicaba directamente con Dios. Los musulmanes sunitas y chiitas consideraban a Hassan II un hereje peligroso, y negaban que fuese el imam oculto. Hassan II fue asesinado un año y medio después de su citada proclamación; murió apuñalado por su cuñado, quien rechazaba seguir las enseñanzas de la Qiyama y esperaba que los ismaelitas nizaríes retomasen su teología anterior.

A Hassan II le sucedió su hijo Mohamed II, quien reinó como señor de Alamut de 1166 a 1210. A él le sucedió su hijo Hassan III —cuya madre era una musulmana sunita—, quien hizo que los hashashins adoptasen la ortodoxia suní. Le sucedió su hijo de nueve años quien, ya de mayor, propició un retorno a la facción chiita del Islam. Mohamed III reinó de 1221 a 1255, y le sucedió el último de los jefes de los hashashins nizaríes, su hijo Jurshah, quien reinó desde 1255 hasta que las hordas invasoras de los mongoles destruyeron Alamut y acabaron con el poder de los hashashins nizaríes de una vez por todas.

James Wasserman señala elocuentemente en su libro que Hassan Sabbah ha pasado a la historia por ser el hombre que convirtió el asesinato en una forma de arte, «potenciando al máximo el rédito político del menor número posible de pérdidas de vida, y ofreciendo un método más humano para resolver las diferencias políticas que la carnicería y el sufrimiento del campo de batalla tradicionales. El asesinato consigue el efecto poco común de entrar directamente en los centros del poder y afectar a quienes toman las decisiones en lugar de al ciudadano medio, antigua víctima de las ansias de aventuras políticas de sus líderes.»[34]

Los templarios y los hashashins

CUANDO LOS TEMPLARIOS, DIRIGIDOS POR HUGO DE PAYNES, se unieron a los otros cruzados en 1129, poco podían sospechar que en un futuro se aliarían con los hashashins para intentar arrebatarles Damasco a los turcos selyúcidas. De esta alianza, algunos historiadores han deducido que los templarios y los hashashins formaban parte de la misma sociedad secreta. Sostienen que una red de sociedades secretas esotéricas podría englobar a grupos tan dispares en principio como los sufíes, los rosacruces, los templarios, los masones, los taoístas, los budistas tántricos, los yoguis del Himalaya, los druidas y los monjes celtas.

Hassan Sabbah había enviado embajadores de Alamut –al noroeste de Persia– a Siria e Irak en torno al año 1090. Éstos formaron una facción de los hashashins nizaríes conocida como los hashashins sirios. En aquella época, Siria era un campo de batalla entre dos imperios musulmanes: el Fatimí, con base en El Cairo, y el Turco Selyúcida, con base en Constantinopla. Mientras, los cruzados habían creado un reino cristiano en Palestina con Jerusalén como capital.

Fueron los hashashins sirios –que seguían recibiendo órdenes procedentes de Alamut– con quienes se aliaron los templarios y otros cruzados. De su líder, conocido como el «Viejo de la Montaña», hablaremos en el siguiente apartado. Por todo el Mediterráneo cantarían los trovadores sobre este hombre, este Viejo de la Montaña temido por reyes y gobernadores de todo el norte de África y Oriente Medio.

Según relata James Wasserman en su pormenorizado estudio *Templarios y asesinos*[34], la primera toma de contacto entre templarios y hashashins nizaríes se produjo cuando los primeros asaltaron un castillo en poder de los segundos en septiembre de 1106. Tancredo, príncipe cristiano de Antioquía, se enfrentó, en el norte de Siria, a los hashashins al tomar el castillo de Apace, a las afueras de Alepo. Los cristianos vencieron a los hashashins y les impusieron el pago de un tributo. Cuatro años después, en 1110, Tancredo se apropió de más territorios pertenecientes a los hashashins nizaríes; no obstante, éstos ayudaron a los turcos selyúcidas a expulsar a las tropas cruzadas de unas cuantas fortalezas en el norte de Siria y Turquía.[34]

Sin embargo, cuando el nuevo sultán selyúcida Mohamed Tapar llegó al poder en 1113 emprendió una campaña contra los musulmanes ismaelitas en el norte de Siria, incluidos los hashashins nizaríes. Aprobó la destrucción de la comunidad nizarí de Alepo; cientos de sus seguidores fueron encarcelados o ejecutados y sus propiedades requisadas. Mediante un decreto fechado en 1124 expulsó a todos los nizaríes y a otros musulmanes ismaelitas de la zona.

Los cruzados continuaron su expansión por la zona y consolidaron la autoridad de su reino cristiano con capital en Jerusalén. Los hashashins nizaríes se trasladaron a la región de Damasco bajo las órdenes de su líder o *dai,* el sirio Bahrain. Como el apoyo del ejército de Bahrain resultó vital en su lucha contra los francos, el visir selyúcida Tughitigin le entregó a cambio la fortaleza fronteriza de Baniyas.

Bahrain fortificó el castillo de Baniyas, envío misioneros y llevó a cabo operaciones militares por toda Siria contra los fatimíes egipcios y los cruzados. Murió en el curso de una de esas operaciones. El califa fatimí ofreció una cuantiosa recompensa por su cabeza y sus manos cuando éstas fueron llevadas a El Cairo.

En 1128, tras la muerte de Tughitigin, una ola antiismaelita que recordaba a las persecuciones de Alepo se extendió por todo Egipto. La desencadenó Buri, el hijo de Tughitigin, al asesinar al visir Al Mazdaqani y exponer en público su cabeza cortada. Supuso el pistoletazo de salida para la masacre de unos seis mil ismaelitas en Damasco. Se propagó el rumor de que los hashashins se habían aliado con los francos para traicionar a Damasco a cambio de recuperar Tiro. Aunque el rumor no era cierto, Al Ajami, sucesor de Bahrain, había escrito a Balduino II, rey de Jerusalén, ofreciéndole el rendimiento de la fortaleza de Baniyas a cambio de obtener refugio de sus perseguidores suníes. Al Ajami murió exiliado entre los francos en 1130. En 1131, dos nizaríes enviados desde Alamut asesinaron a Buri. En algún momento de la década de 1130, Buzurg Ummid consiguió asesinar al califa fatimí Al Amir, poniendo así fin al ismaelismo de corte mustalí en Siria.

Los hashashins nizaríes habían intentado en vano establecer una base de operaciones en los centros urbanos de Alepo y Damasco. En 1132 adquirieron la importante fortaleza de Qadamus, en la cordillera de Jabal Bahra, donde se establecieron bajo el liderazgo de Abul Fath. Durante los siete años siguientes llegaron a hacerse con el control de ocho o diez castillos más en la región.

En 1140 tomaron la importante fortaleza de Masyaf. En 1142, los hospitalarios recibieron en propiedad el castillo cercano de Krak de los Caballeros, lo cual los convirtió en vecinos y enemigos de los hashashins nizaríes. En 1149, los hashashins se aliaron con Raimundo de Antioquía en una batalla contra los turcos zangíes, en la cual murieron tanto Raimundo como el líder de los hashashins Alf ben Wafa. Dicha alianza se basaba en la percepción que tenían los hashashins nizaríes del poderío de Raimundo contra los zangíes, que habían tomado Alepo recientemente.

Los zangíes estaban enfrentados a los cruzados, pero también eran enemigos mortales de los hashashins nizaríes. Defendían la causa suní hasta el punto de declarar que todos los chiíes, incluidos los ismaelitas, eran herejes a los que había que eliminar. Los zangíes también se aliaban con frecuencia con los turcos selyúcidas.

En un ambiente de alianzas movedizas, tratados y tributos a pagar, los hashashins nizaríes acabaron pagando un tributo anual a los templarios. En 1151, los hashashins se enfrentaron a los cruzados

Hassan Sabbah, el Viejo de la Montaña.

en Maniqa, y en 1152 asesinaron a su primera víctima templaria, el conde Raimundo II de Trípoli. El asesinato de un gobernador templario llevó a la Orden a emprender un ataque contra los hashashins nizaríes en uno de sus castillos sirios y a imponerles un tributo anual de unas dos mil monedas de oro.

Una de las víctimas cristianas más importantes de los hashashins nizaríes fue Conrado de Montferrat, rey latino de Jerusalén, asesinado en 1192. Le sucedió Enrique, conde de Champaña, sobrino de Ricardo Corazón de León. Los hashashins nizaríes se dirigieron a Ricardo, una vez coronado rey de Jerusalén, para negociar una tregua.

Arkon Daraul describe el viaje de Enrique en 1194 al cuartel general del cabecilla de los hashashins sirios, el Viejo de la Montaña:

El líder envió a unos cuantos a saludarlo y a rogarle que a su vuelta se detuviese y aceptase la hospitalidad del castillo. El conde aceptó la invitación. Al volver, el Dai el Kebir (Gran Misionero) avanzó a su encuentro, le rindió homenaje y le permitió ver su castillo y sus fortalezas. Tras haber visitado varias, llegaron por fin a una de las torres que se elevaba hasta una altura excesiva. En cada torre había dos centinelas vestidos de blanco. Señalándolos, el líder observó: «Éstos me obedecen mucho más que los súbditos cristianos a sus señores», y a una señal suya, dos de ellos se arrojaron desde lo alto y quedaron destrozados contra el suelo. «Si así lo deseáis», le dijo al perplejo conde, «todos mis hombres de blanco harán lo mismo». El benévolo conde no aceptó la proposición y confesó que ningún príncipe cristiano podía presumir de tamaña obediencia por parte de sus súbditos. Cuando ya se iba, cargado de valiosos regalos, el líder añadió con elocuencia: «Mediante estos fieles me desembarazo de los enemigos de nuestra sociedad.»[7]

El viejo de la Montaña: Rashid al Din Sinan

EL LÍDER MÁS FAMOSO DE LOS HASHASHINS SIRIOS, el Viejo de la Montaña por excelencia, fue Sinan ben Salman ben Mohamed, también conocido como

Rashid al Din Sinan (1162-1192). Sinan fue otro de los líderes espirituales legendarios de los nizaríes. Al igual que Hassan Sabbah, su revolucionario fundador, y su heredero espiritual, el efímero Hassan II, que rompieron las cadenas de la ortodoxia islámica, Sinan fue un hombre carismático y poderoso que cambió el curso de la Historia.

Sinan nació cerca de Basora, en el sur de Irak, en el seno de una familia adinerada, y huyó a Alamut cuando aún era joven, después de pelearse con sus hermanos. En Alamut trabó amistad con el joven Hassan II, a la sazón su compañero de estudios. Cuando Hassan pasó a ocupar el cargo de imam, envió a Sinan a Siria. Sinan viajó hasta Kahf, donde realizó labores de proselitismo. Tras la muerte del anciano líder *dai* Abu Mohamed, Sinan se convirtió en líder de los hashashins sirios tras una breve disputa sucesoria resuelta a golpe de decreto por Hassan II.

Los hashashins nizaríes sirios se encontraban en una situación harto precaria debido a la guerra que enfrentaba a los cruzados contra el Imperio Fatimí egipcio y los turcos selyúcidas. De manejar astutamente la situación, los hashashins nizaríes podrían extender su territorio desde Alamut hasta Damasco, en el norte de Siria. Se trataba de una región principalmente sunita, pero con la ayuda de los templarios y otros cruzados podrían conseguir su objetivo. Había que forjar alianzas y pagar tributos a cambio.

Saladino (1137-1193) se convirtió en sultán de Egipto después de haber sido general en el victorioso ejército sirio. Su subida al sultanato puso fin a la dinastía fatimí e inauguró la dinastía ayubí. Originario del Kurdistán, Saladino pasó a controlar y a expandir un imperio que se extendía de Yemen a Túnez. Sus principales frentes de batalla fueron el reino cruzado de Jerusalén y los hashashins nizaríes de Persia e Irak. En 1171, Saladino declaró el sunismo religión oficial de Egipto. Se desencadenó una reacción de puritanismo sunita contra chiitas e ismaelitas, y se organizaron patrullas de vigilancia sunita, llamadas Nubuwiyya, que recorrían el país en busca de grupos a los que atacar.

Sinan, el Viejo de la Montaña, se enfrentaba a una serie de complejos retos. En el frente diplomático necesitaba una política de alianzas hábil para no ser víctima de un ataque musulmán conjunto. En un primer momento, esto le llevó a apoyar al líder selyúcida Nur al Din como el menor de dos males, ya que reconocía en Saladino a su enemigo más implacable. También necesitaba mantener una buena relación con los cruzados, con quienes él, técnicamente —pues era musulmán—, estaba en guerra. Cuando Sinan tomó las riendas de los hashashins, éstos ya pagaban un tributo a los templarios; Sinan debió de considerar que aquel dinero era una inversión razonable para evitar una guerra abierta. Por último, necesitaba establecer y levantar más fortalezas defensivas para prevenir cualquier ataque, incluida la hostilidad de sus vecinos.

En 1173, Sinan envió un embajador al rey Amalrico I de Jerusalén para proponerle una alianza. Como única condición, le solicitaba una relajación del tributo que debía pagar a los templarios. Se cree que Amalrico accedió a las condiciones de Sinan, y que su embajador fue asesinado por los templarios en el camino de vuelta para evitar perder el dinero de su tributo. También se cree que el asesinato evitó futuras alianzas, a pesar de las disculpas que Amalrico le dirigió a Sinan y del encarcelamiento del caballero responsable. Futuras discusiones se vieron truncadas por la muerte de Amalrico en 1174.

El arzobispo e historiador Guillermo de Tiro dejó escrito que Sinan había expresado a través de su embajador la disposición de los hashashins a convertirse al cristianismo en respaldo de su alianza. Farhad Daftary señala que se trata de una tergiversación de la oferta de Sinan: la complejidad de sus intereses teológicos y su enfoque ecuménico le habrían predispuesto a interesarse por las doctrinas religiosas de sus aliados potenciales, pero no hasta el extremo de convertirse a ellas. La doctrina Qiyama, proclamada por Hassan II, amigo de Sinan, fue malinterpretada por más de un historiador medieval como una aceptación distorsionada del cristianismo y un rechazo del Islam, lo cual nos hace sospechar que quizá algunos elementos de la doctrina Qiyama no sean incompatibles con ciertos aspectos del cristianismo: la postura revolucionaria adoptada por Jesucristo a la hora de rechazar en términos generales la observancia pública de la ley judía encuentra eco en las enseñanzas de la Qiyama.

Se cree que antes de morir en 1174, Nur al Din estaba planeando una expedición contra los ismaelitas, sospechosos de haber incendiado una mezquita en Alepo. Cuando supo de la muerte de Nur al Din, Saladino proclamó su independencia de la dinastía zangí y se declaró primer gobernante de la dinastía ayubí. Saladino representaba una amenaza para el hermano pequeño y heredero de Nur al Din, Al Malik al Salih. El regente que gobernaba en nombre del menor le pidió ayuda a Sinan para pararle los pies a Saladino mediante el asesinato. Una de las razones que determinaron la colaboración de Sinan fue el odio que Saladino despertaba en los hashashins. En 1174 y 1175, los grupos de vigilancia Nubuwiyya habían asaltado dos centros ismaelitas y matado a unas 13.000 personas. Saladino estaba de paso por la región; se enteró de las masacres y aprovechó la situación para atacar otras fortalezas nizaríes antes de proseguir su viaje.

Sinan envió a unos *fedayi* contra el sultán ayubí en 1175. Un gobernante local con quien Saladino estaba departiendo los reconoció y frustró sus planes. En 1176 llevaron a cabo un segundo intento. Saladino resultó herido leve, pero le salvó su rapidez de reacción y la cota de malla que llevaba en todo momento.

En agosto de 1176 tuvo lugar un suceso curioso. Saladino atacó el castillo de Nayaf y sitió dicha fortaleza, de vital importancia para los hashashins nizaríes. Sin previo aviso, puso fin al asedio y se marchó Se han aventurado varias explicaciones, entre ellas el siguiente relato, bastante fiable, del biógrafo de Sinan. Un día, un mensajero solicitó ver a Saladino, declarando que el mensaje era personal y debía entregárselo a solas. Saladino fue vaciando la estancia hasta que sólo quedaron dos de sus sirvientes mamelucos.

El mensajero de Sinan le pidió que despidiese a los mamelucos para poder entregarle el mensaje en privado. Saladino respondió: «A estos dos los considero mis hijos. Ellos y yo somos uno».

Entonces, el mensajero se dirigió a los guardias mamelucos y les dijo: «Si en nombre de mi Señor os ordenase matar al Sultán, ¿lo haríais?». Desenvainaron las espadas a un tiempo y le respondieron: «Pídenos lo que quieras».

Es probable que Saladino, consciente del peligro que corría en todo momento debido a los hashashins, decidiese acordar una tregua con sus rivales. Al parecer, a partir de este último incidente ambos líderes se convirtieron en aliados, dado que no hay constancia de más conflictos entre Saladino y Sinan, el Viejo de la Montaña.[34]

Una importante consecuencia de su alianza pudo ser el asesinato en 1192 del rey franco de Jerusalén, Conrado de Montferrat, poco antes de la muerte de Sinan. Dos *fedayi,* disfrazados de monjes cristianos, fueron los responsables de dicha acción.

Este asesinato supuso un duro golpe para los cruzados, y no faltan teorías al respecto, incluida la que aventura que se realizó a instancias de Ricardo Corazón de León. A Sinan tampoco le faltaban los motivos, entre ellos el de haber recibido instrucciones de Saladino. Poco antes, Conrado había confiscado un barco nizarí y su carga, y la ejecución de la tripulación pudo haber sido motivo suficiente para que Sinan ordenase su asesinato.

En cualquier caso, la muerte de Conrado ayudó a Saladino a negociar una tregua con Ricardo. Los nizaríes fueron incluidos en el acuerdo a petición del sultán. Tan sólo unos meses separaron las muertes de Sinan y Saladino, mientras que Ricardo abandonó Tierra Santa con dirección a Europa.

Sinan fue una figura religiosa mítica entre los nizaríes sirios. No llevaba guardaespaldas para protegerse y gobernaba sirviéndose de su fuerte personalidad. Viajaba de una fortaleza a otra, sin base permanente ni burocracia fija. Debido a este movimiento constante, la red de fortalezas ismaelitas estaba muy unida y continuamente alerta. Guillermo de Tiro estimaba que, durante el reinado de Sinan, el líder de los hashashins contaba con unos sesenta mil seguidores sirios. Otro historiador describía a Sinan como un gobernante sensible y diplomático.

Los hashashins nizaríes eran una secta esotérica, con fuertes lazos que la unían a las antiguas tradiciones de sufíes, zoroastrianos, hindúes y budistas. Afganistán era un reino budista en época de Alejandro Magno, y siguió siéndolo hasta la llegada del Islam.

Sinan, cuya educación estaba más en la línea de los ritos sufíes e hindúes del subcontinente indio, tenía fama de ser un astrólogo y alquimista avanzado, además de un experto en las artes de la magia, la telepatía y la clarividencia. Nunca se le vio comer ni beber, y se le atribuían poderes curativos. Se dice que en dos ocasiones evitó que grandes rocas aplastasen a gente haciendo uso de poderes psicoquinéticos. También se le atribuía haber rechazado un ataque de soldados de Saladino impidiendo que se moviesen, a tiro de piedra de las tropas nizaríes en el campo de batalla.

La educación de Sinan contribuyó a su leyenda tanto como su clarividencia. Una anécdota nos habla de su visita a una aldea donde fue honrado por el líder local, quien le presentó una bandeja cubierta con comida preparada por su mujer para la ocasión. Sinan apartó la bandeja amablemente. El funcionario se mostró decepcionado por aquel rechazo a su hospitalidad, y le preguntó a Sinan a qué se debía. Sinan se lo llevó aparte y le explicó que, fruto del nerviosismo, a la mujer del funcionario se le había olvidado limpiar adecuadamente el interior de los pollos. De haber destapado la bandeja, el jefe habría sentido vergüenza ante su pueblo. Levantó la tapa y descubrió que Sinan tenía razón.

El castillo de Alamut era prácticamente inexpugnable.

Sinan suscribió la proclamación de la Qiyama de Hassan II y fue acusado de divulgar dicha doctrina en Siria. Poco después de su llegada celebró la festividad del Ramadán. Al parecer, aceptó a Hassan II como maestro espiritual legítimo; sin embargo, se mostró reacio a extender su lealtad a su hijo y heredero Mohamed II. Como consecuencia de esto, los hashashins sirios se disociaron de Alamut desde la muerte de Hassan II hasta la muerte de Sinan. A Mohamed II le parecía algo inadmisible, y envió a varios grupos de *fedayi* contra Sinan, pero se cree que éste mató o simplemente venció a todos sus atacantes persas.

Muchos sirios creían que Sinan era el imam ordenado por la divinidad, o al menos su *hujja*. Algunos lo tenían incluso por la encarnación de dicha divinidad. Cuenta una historia que sus discípulos lo descubrieron una noche conversando con un pájaro verde que irradiaba luz. Sinan les explicó que se trataba del alma de Hassan II, que había acudido a pedirle ayuda al imam sirio. Sinan fue honrado mediante un santuario sirio sin precedentes levantado en su honor.[34]

La alianza secreta entre los templarios y los hashashins

ALGUNOS HISTORIADORES CREEN EN LA EXISTENCIA de ciertos acuerdos entre los templarios y los hashashins nizaríes, incluidos el pago de un tributo a los templarios y los asesinatos cometidos en su nombre.

Ricardo Corazón de León fue acusado de haberle solicitado al Viejo de la Montaña que matase a Conrado de Montferrat, plan que se desarrolló así: «Dos hashashins se hicieron bautizar y se colocaron junto a él, aparentemente concentrados en la oración. Cuando se les presentó la oportunidad, lo apuñalaron y uno de ellos se refugió en la iglesia. Pero al enterarse de que el príncipe seguía vivo al sacarlo de la iglesia, se abrió paso hasta llegar junto a Montferrat y volvió a apuñalarlo. A continuación expiró, sin queja alguna, entre torturas refinadas.»[34]

La famosa cuestión de las tres mil monedas de oro pagadas por la rama siria de los hashashins a los templarios es otro asunto que nunca ha sido aclarado.

En opinión de algunos, se trata de un dinero entregado a los cristianos como tributo; otros creen que era una asignación de la organización grande a la pequeña. Quienes piensen que los hashashins eran fanáticos musulmanes y que por lo tanto no habrían consentido una alianza con quienes, en su opinión, eran infieles, deberían recordar que para los seguidores del Viejo de la Montaña sólo él tenía razón, y los sarracenos que libraban la guerra santa por Alá contra los cruzados eran tan malos como cualquiera que no aceptase la doctrina de los hashashins.

Jacques de Molay interrogado por la Inquisición.

Durante las cruzadas, los templarios fueron objeto de graves acusaciones, incluida la de combatir sólo por ellos, algo que se ve confirmado por más de un incidente histórico. Los cristianos habían sitiado la ciudad de Ascalón en 1153, y estaban incendiando las murallas con altas pilas de material inflamable. Tras una noche entera de incendios se derrumbó parte de la muralla. Cuando el ejército cristiano se encontraba a punto de entrar, el maestre del Temple (Bernardo de Tremelai) reivindicó el derecho a tomar la ciudad él mismo. Esto se debía a que el primer contingente que entraba en una ciudad conquistada se llevaba el botín. Finalmente, las tropas defensoras se reagruparon, mataron a los templarios y a continuación cerraron la brecha.

En su libro *Sociedades secretas,* Arkon Daraul afirma: «Existen razones para creer que el poder que habían conquistado obligó a los templarios a consagrar cada vez más sus esfuerzos a la protección de la Orden y menos a la causa de la Cruz, a pesar de sus enormes sacrificios por dicha causa. Al no tener que profesar lealtad a ningún jefe territorial, obedecían sólo a su maestre, y por consiguiente no se les podía someter a ningún tipo de presión política. Esto podría haber llevado a la suposición de que se trataba de una potencia superior invisible, lo cual los emparentaría con el imperio invisible de los hashashins. Aunque nadie pusiese en duda su valor, la prepotencia y exclusividad a las que habían llegado en menos de 150 años desde su creación les había granjeado la reputación de considerarse a sí mismos más allá del bien y del mal.»[7]

El final de templarios y hashashins en Tierra Santa

EN 1184 SUCEDIÓ ALGO QUE GENERÓ UNA GRAN desconfianza hacia los templarios. El caballero inglés Roberto de St. Albans abandonó la Orden, se convirtió al Islam y pasó a comandar un ejército de Saladino contra Jerusalén, a la sazón en manos de los cruzados. Se acusó a los templarios de ser en realidad musulmanes o aliados de los sarracenos.

Dos años antes, Saladino había llegado a un acuerdo con los hashashins, según el cual éstos le daban vía libre para continuar su guerra santa contra los cruzados. El 1 de julio de 1187 tomó Tiberíades, y dos días después atacó la cercana Hittin. Treinta mil cruzados fueron capturados en la decisiva batalla de Hittin, incluido el rey de Jerusalén. Esto puso fin al poder de los cruzados.

En el detallado relato árabe de los hechos no se menciona que ningún templario suplicase misericordia alegando razones religiosas o de otro tipo, aunque todos ellos conocían el grito de guerra de Saladino: «¡Venid a morir, templarios!» El gran maestre Gerard de Ridefort y otros caballeros se contaban entre los prisioneros. Saladino les prometió perdonarles la vida si se convertían a la fe verdadera. Nadie aceptó, y todos los caballeros fueron decapitados a excepción del gran maestre templario. Un caballero no templario, Reinaldo de Chatillon, invocó en vano el código sagrado de la hospitalidad árabe, y otros cruzados aseguraron ser musulmanes, y sus vidas fueron perdonadas —ninguno de ellos era templario.

Reinaldo y los templarios fueron condenados a muerte por haber roto la tregua y por los «crímenes de guerra» de haber matado a peregrinos que se dirigían desarmados a La Meca. No obstante, Saladino retuvo al gran maestre templario Gerard de Ridefort para cobrar rescate por él, rescate que se pagó cuatro años después, en julio de 1188, un año después de que Saladino conquistase Jerusalén. Irónicamente, Ridefort murió un año después en el sitio templario al puerto de Acre. Aunque los templarios ganaron la batalla, su poder en Tierra Santa nunca volvería a ser el mismo.

La batalla de Hittin fue un momento decisivo para los cruzados, y significó el final del poder occidental en Palestina durante más de setecientos años, por más que alentase la fallida tercera cruzada. Aunque los templarios —y otros cruzados— siguiesen en Tierra Santa, habían perdido casi todas sus posesiones allí. Pero era en Occidente en donde se encontraba su verdadero centro de poder. En aquella época, sus posesiones europeas sumaban más de siete mil fincas e instituciones. Aunque estaban localizadas principalmente en Francia e Inglaterra, también contaban con extensas propiedades en Portugal, Castilla, León, Escocia, Irlanda, Alemania, Italia y Sicilia.

Tras la caída de Jerusalén, su cuartel general se trasladó a París. El edificio que lo albergaba, al igual que todas sus iglesias, era conocido como el Templo. Fue allí donde Felipe el Hermoso se refugió en 1306 para escapar de una algarada callejera. Se dice que aquella visita le permitió comprobar de primera mano la verdadera riqueza de la Orden: los fabulosos tesoros que sus anfitriones le mostraron le dieron al monarca arruinado la idea de arrebatárselos a los caballeros con la excusa de que el Temple estaba en manos de herejes.

Quienes acabaron con el poder de los hashashins fueron los invasores mongoles, que los aniquilaron en Persia e incendiaron todas sus plazas fuertes. Los mongoles habían llegado a los alrededores de Persia en 1219, y se cree que Hassan III de Alamut fue el primer gobernante islámico en enviar embajadores al kan mongol para negociar algún tipo de tregua.

Hassan III murió en 1221. Su heredero, Mohamed III, gobernó Alamut bajo una precaria tregua con los mongoles hasta su muerte en 1255. Hacia 1240, la invasión mongola ya había alcanzado el oeste de Persia. En 1248, los dirigentes mongoles rechazaron una delegación que incluía hashashins nizaríes y que debía negociar una tregua.

En 1254, el líder mongol Mangu recibió a Guillermo de Rubruk, fraile franciscano y embajador de Luis IX. El monarca francés deseaba que los mongoles engrosasen las filas del ejército cristiano para la séptima cruzada.

Durante su entrevista, Guillermo supo que Mangu temía por su vida, pues había oído que 40 hashashins nizaríes disfrazados de varias maneras habían sido enviados tras él como represalia por su campaña contra ellos y Persia occidental, que había comenzado unos años antes.

Los ejércitos mongoles hicieron su aparición en la región de Alamut ese mismo año, y acto seguido se dispusieron a atacar a los hashashins nizaríes y su fortaleza. En 1255, Mohamed III fue asesinado por su amante homosexual, y le sucedió su hijo Jurshah. En 1256 los mongoles, a las órdenes de Hulagu Khan, comenzaron su asalto final a Alamut. Hulagu le envió un mensajero a Jurshah para comunicarle que si se rendía y destruía la fortaleza, se le perdonaría la vida.

Jurshah pidió un año de plazo antes de presentarse al khan. El ejército mongol se marchó, pero volvió en noviembre de 1256 para darle cinco días para rendirse, aunque el año aún no se había cumplido. El 19 de noviembre, Jurshah entró en el campamento mongol con su familia, su séquito y sus tesoros. Los hashashins nizaríes que permanecieron en Alamut se negaron a rendirse y acabaron siendo ejecutados por los mongoles.

A los mongoles les asombraba la fortaleza de Alamut. El agua fluía por canales y se almacenaba en grandes tanques excavados en la roca. Había enormes reservas de alimentos, y el castillo había sido diseñado para soportar un asedio prolongado. Con gran dificultad, los mongoles consiguieron destruir casi toda la fortaleza.

En Alamut se conservaba una gran biblioteca, y se dice que los hashashins nizaríes eran devotos de los libros y el conocimiento en general. El historiador persa Juvayni acompañó al ejército de Hulagu y supervisó personalmente la quema de la biblioteca.

Los mongoles destruyeron otras fortalezas de los hashashins. Jurshah escribió a los hashashins sirios ordenándoles rendirse a los mongoles. También solicitó audiencia con el gran khan Mangu y en 1257 emprendió un largo viaje a Karakoram, en la Mongolia central, acompañado por tropas mongolas. Cuando llegó, el khan se negó a verlo porque los hashashins sirios seguían oponiendo resistencia a los mongoles. En el viaje de vuelta a Persia, Jurshah fue golpeado y apuñalado hasta la muerte por sus guardias mongoles.

Los mongoles comenzaron a eliminar a los parientes de Jurshah, y a todos los ismaelitas en general. Su hijo Shams al Din Mohamed fue puesto a salvo, y el actual Aga Khan de los ismaelitas desciende de dicho hijo.

La rama siria de los hashashins fue eliminada unos años después por los baibar, el ejército bajo control del sultán mameluco de Egipto que había vencido a los mongoles en Siria en 1261 y acabado con el último bastión de los hashashins.

Hemos repasado la historia del grupo que legó las palabras «hashashin» y «asesinato» a las lenguas europeas. El concepto de operaciones de «decapitación» contra el enemigo influyó a los templarios y a otros cruzados. Los grandes ejércitos seguirían enfrentándose en el campo de batalla mientras reyes y gobernadores presenciaban la matanza desde un promontorio cercano, pero un nuevo método de hacer la guerra habría de llevar la muerte y la destrucción directamente a los mandatarios. Mientras se manipulaba a las masas y se las obligaba a combatir como carne de cañón, la élite dirigente se limitaba a observar las consecuencias violentas de sus decisiones y declaraciones y a mantenerse ellos mismos y sus familias alejados de la refriega.

Los hashashins nizaríes cambiaron esa situación y llevaron las guerras y las luchas de poder directamente a los mandatarios. Los templarios —que pronto serían traicionados y perseguidos hasta la muerte como los hashashins nizaríes— aprendieron unas cuantas cosas de Hassan Sabbah. Atacarían directamente a los dirigentes de los ejércitos contrarios, y trasladarían a alta mar su guerra contra el Papa y el Vaticano. Pero para que los templarios acabaran controlando el mar, antes necesitaban bases navales y cartas de navegación. Gracias a su acceso a las bibliotecas de Oriente Medio, los templarios pudieron hacerse con copias de los mapas de los antiguos reyes del mar.

Cruzados en las calles de Jerusalén.

A cada sociedad se le plantea no sólo una sucesión de futuros probables,
sino todo un abanico de futuros posibles.
ALVIN TOFFLER

Para triunfar es necesario aceptar el mundo tal como es y elevarse por encima de él.
MICHAEL KORDA

CAPÍTULO 5 LOS MAPAS DE LOS ANTIGUOS REYES DEL MAR

ALGUNOS HISTORIADORES HAN SEÑALADO que los reyes de las antiguas naciones abiertas al mar eran los navegantes, hombres extremadamente cultos que sabían interpretar los astros y dirigir un navío a través del oscuro mar. Como hemos visto en el Capítulo 1, la navegación y las expediciones por mar llevan miles de años realizándose.

Mientras los historiadores aislacionistas mantienen que los océanos representan una barrera para viajar por el mundo, los difusionistas opinan que los océanos son autopistas, no barreras. A largo plazo, es mucho más seguro para un barco transportar pasajeros y mercancías costeando el litoral durante miles de kilómetros que recorrer esa misma distancia por tierra, debiendo pagar aranceles y arriesgándose a un encuentro con tribus hostiles y bandas de ladrones. Aunque algunos barcos pudiesen perderse en las tormentas o encallar, y otros ser presa de piratas, la mayoría conseguía llegar a buen puerto.

Los templarios se vieron obligados a replantearse su futuro a raíz del doble revés sufrido al perder Palestina y al ser proscritos por el Vaticano y el rey de Francia. Habían perdido su prestigio de cara al Sacro Imperio Romano, les habían arrebatado sus tierras y posesiones y muchos de sus dirigentes, incluido el gran maestre Jacques de Molay, habían sido detenidos, torturados y ejecutados.

Los templarios se encontraban en una situación precaria, pero en teoría aún conservaban su preciado tesoro y una magnífica flota de barcos en los que ondeaba una bandera con una cruz roja sobre fondo blanco —la Cruz de San Jorge, que sigue empleándose como bandera de Inglaterra, a diferencia de la más conocida *Union Jack* *. Esta flota ya no podía recalar en Francia, España, Italia, Irlanda e Inglaterra, entre otros muchos países. Había pocos lugares a los que pudiese ir: Sicilia, Portugal, Escocia, Noruega y pocos más.

Los templarios necesitaban un refugio, y estaban enfrentados al Vaticano y al rey de Francia, entre otros reyes católicos. Como hemos visto en el capítulo anterior, la flota templaria se dividió en tres: la flota del sur se quedó en el Mediterráneo y se dedicó a la piratería, y en lo alto de sus barcos hacía ondear la *Jolly Roger* de los reyes normandos de Sicilia; una segunda parte de la flota recaló en Portugal y se integró en la armada de Enrique el Navegante; la flota del norte se dirigió a Escocia, donde se instalaron y contrajeron matrimonio muchos de los templarios.

Según parece, las flotas portuguesa y escocesa poseían mapas antiguos que habrían de ayudarles en sus expediciones atlánticas —expediciones que pudieron haber tenido por objeto encontrar nuevas tierras donde los templarios y la «Santa Sangre» o Santo Grial pudiesen considerarse a salvo, lejos de sus poderosos perseguidores. Dichos mapas mostraban islas y continentes más allá del mundo conocido de la época: islas del Atlántico e incluso ciertas partes de América del Norte y del Sur. Los vikingos contaban historias que hablaban de tierras habitables al oeste de Irlanda y Escocia. Islandia fue colonizada por ellos alrededor del año 850, y previamente había sido visitada por unos monjes irlandeses. Quizá también los templarios pudiesen encontrar un nuevo hogar en aquellas tierras.

La repentina aparición de mapas antiguos extremadamente precisos

El escritor e historiador canadiense Michael Bradley (*Holy Grail across the Atlantic, The Columbus conspiracy*) sostiene que los templarios tenían conocimiento de la existencia de tierras al otro lado del Atlántico. La diáspora templaria acarreó tres grandes consecuencias: un recrudecimiento de la piratería, el comienzo de las expediciones transatlánticas con barcos ingleses y portugueses, y la llegada a los puertos europeos de cartas de navegación de una precisión inexplicable.

Bradley considera que esta última repercusión es la más importante de todas. No es sólo que los templarios promoviesen expediciones transatlánticas al poco de llegar a Portugal y Escocia, es que todo el continente parecía poseer cartas de navegación de una calidad sin parangón. Decimos que estos mapas suponen la consecuencia más importante de la dispersión templaria porque lograron dos cosas: en primer lugar, facilitaron enormemente el comercio intereuropeo y marítimo, lo cual contribuyó al declive del feudalismo; en segundo lugar, dichas cartas de navegación hicieron posible la «Era de los Descubrimientos» europea, pues mostraban el mundo en su totalidad, incluida una nueva tierra al otro lado del Atlántico.

Tres décadas después de que Felipe el Hermoso presionase al papa Clemente V para que éste prohibiese la orden del Temple, unos mapas denominados «portulanos» comenzaron a circular por toda Europa. Uno de los primeros, el portulano de Dulcert de 1339, apareció sólo 27 años después de la disolución de los templarios. Los estudiosos de la navegación han intentado obviar sistemáticamente cualquier referencia a los portulanos debido a los problemas que plantean. Se da por hecho que existieron, pero se ha corrido un velo sobre su repercusión. Sólo dos expertos se han atrevido a lidiar con el enigma que representan, pero el mundo académico en general ha preferido hacer la vista gorda ante sus conclusiones.

El enigma de los portulanos no reside tanto en el hecho de que apareciesen tan de repente en la Europa del siglo XIV, sino en su asombrosa precisión.

Recordemos que el mayor freno a la navegación medieval era que la longitud —la posición al este o al oeste de un punto determinado— no podía fijarse con exactitud. Para medir la longitud mediante la observación celeste era necesario medir antes el tiempo con suma precisión. En el mundo medieval no existían relojes tan precisos, y la navegación tendría que esperar a los avances del siglo XVIII para obtenerlos.

El enigma de los portulanos reside en su precisión por lo que respecta a la longitud, y en el hecho de que aunque aparecieran en el mundo medieval, ningún individuo, cultura o civilización del siglo XIV podría haberlos realizado.

El investigador escandinavo A. E. Nordenskjold estudió cuantos portulanos pudo encontrar en la década de 1890. Tras haber analizado cientos de ellos procedentes de otros tantos museos europeos, Nordenskjold llegó a la conclusión de que todos habían sido copiados de una carta de navegación original, extremadamente precisa en términos de latitud y longitud. De hecho, era más precisa que algunos de los mapas que se realizaban en tiempos de Nordenskjold. El resto de portulanos reproducían dicha precisión en mayor o menor grado dependiendo del cuidado puesto a la hora de copiarlo. Con todo, eran mucho más precisos que los mapas realizados por Ptolomeo y que aquellos que nos han llegado de la época medieval.

La labor de Charles Hapgood

EL PROFESOR CHARLES HAPGOOD, experto del Keene State Teacher's College, continuó en los años 50 y 60 la labor comenzada por Nordenskjold a finales del siglo XIX. Hapgood consiguió que sus análisis fuesen corroborados por la Sección Cartográfica del Mando Aéreo Estratégico de las Fuerzas Aéreas estadounidenses (8° Escuadrón de Reconocimiento Técnico). Al igual que Nordenskjold, Hapgood llegó a la conclusión de que todos los portulanos parecían haber sido copiados de un único mapa, ya que todos mostraban los mismos rasgos distintivos. Hapgood también concluyó que el portulano de Ibn ben Zara, fechado en 1487, era el mejor y el que con mayor esmero había sido copiado del original.

Es probable que no se tratase del original, pero sí del que mejor lo había reproducido. Hapgood dice al respecto: «Me atraía estudiar dicho portulano porque parecía muy superior a todos los demás que había visto, sobre todo en la finura de la delineación de cada detalle de las costas. Al examinar estos detalles en comparación con mapas modernos, me asombró comprobar que no había islote, por pequeño que fuese, que no hubiera sido reflejado. (...) Las coordenadas del mapa revelaron una precisión asombrosa en lo tocante a las latitudes y longitudes relativas. La longitud total entre el mar de Azov y el estrecho de Gibraltar sólo se desviaba medio grado de la realidad.»[36]

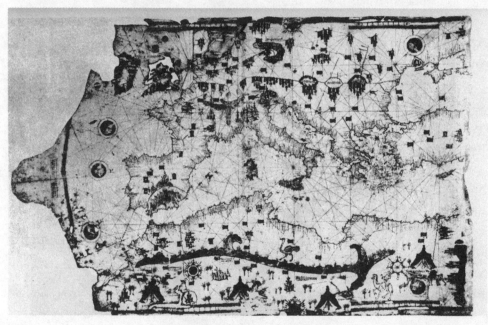

El mapa de Ibn Ben Zara, 1487.

Esto supone un error de sólo 50 kilómetros en una distancia total Este-Oeste de más de 5.000 kilómetros, y demuestra más precisión que los mapas de carretera de mediados del siglo XX.

Todos los portulanos que han llegado hasta nuestros días se centran en Europa: muestran la costa atlántica y todo el Mediterráneo, y suelen incluir también el mar Negro. Excepcionalmente, como es el caso del mapa de Ibn ben Zara, llegan por el norte hasta el mar de Azov. Uno o dos de los portulanos se extienden por el este hasta el mar Caspio. En todos ellos, la precisión longitudinal es asombrosa.

Debemos plantearnos una pregunta clave. Aunque en los portulanos a los que tenemos acceso sólo aparece Europa, ¿cubría el mapa original del que proceden todos los demás una zona mucho mayor? Es más, dichos portulanos ¿pudieron haberse copiado de la zona europea de un mapa más amplio que cubría todo el mundo?

Nos encontramos ante una cuestión de vital importancia. Si los portulanos sólo cubren la zona europea de un mapa del mundo mayor —o «mapamundi», como dirían los académicos—,

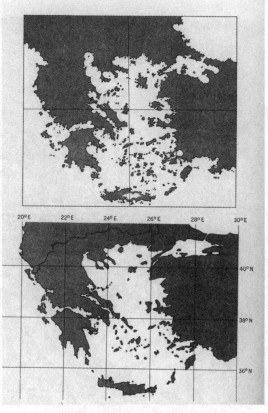

Comparación de la región del Egeo del mapa de Ibn Ben Zara, con un mapa moderno realizada por Hapgood.

podemos deducir que el resto del mundo estaría representado con la misma precisión que la parte europea. En resumen, que de haber existido dicho mapamundi, habría representado con precisión Europa, Asia, África y las dos Américas, ya que no hay motivos para suponer que el resto del mundo hubiese sido dibujado con menor precisión que la parte europea. Conviene hacer hincapié en lo delicado de la situación: de haber existido un mapamundi que representase Europa, Asia, África y las dos Américas, los poseedores de tan preciado mapa se habrían percatado de la presencia de tierras al otro lado del Atlántico, tierras que no correspondían a Asia.

¿Existió realmente un mapamundi semejante? ¿Llegó a manos de los templarios? ¿Llevaron éstos copias a Portugal y a Escocia que sirvieron de guía en los viajes transatlánticos en busca de refugio contra la persecución religiosa en un Nuevo Mundo que no era Asia?

Los mapamundis o antiguos mapas del mundo

MICHAEL BRADLEY OBSERVA: «Me parece justificado considerar la posibilidad, y aun la certeza, de que los templarios estuviesen en posesión de un mapa del mundo de tal clase. La razón que me lleva a exponerlo con tanta convicción es que los estudiosos han hallado precisamente esa clase de mapamundis en archivos de Oriente Medio. En concreto, se han hallado dos mapas fascinantes: el de Hadji Ahmed se descubrió en 1860 en lo que actualmente es El Líbano, y en 1929 se halló el de Piri Reis en el antiguo Palacio Imperial de Constantinopla. Antes de hablar de estos mapas y de sus inquietantes implicaciones, deberíamos hablar de la metodología de los cartógrafos de la Edad Media y de comienzos del Renacimiento.»

Suponiendo que un cartógrafo de los siglos XV o XVI hubiese tenido acceso a un mapa extremadamente preciso que pudiese copiar, se habría sentido animado a «mejorarlo» basándose en los conocimientos más avanzados y modernos de su época. Veamos la situación desde el punto de vista del cartógrafo: por más que tuviese un mapa en el que apareciera el mundo entero, incluidos algunos lugares que aún no hubieran sido descubiertos, él no estaba en condiciones de saber hasta qué punto hubiera sido preciso ese mapa. Lo que sí sabía es hasta qué punto eran precisos sus propios mapas: muy poco precisos. ¿Quién le aseguraba que aquel preciado mapamundi era más fiable que los mejores mapas de la época? No tenía motivos para pensarlo, así que se creía en el derecho, y aun en la obligación, de corregirlo en la medida de lo posible.

En el caso de lugares desconocidos debido a su inaccesibilidad, como el norte de Groenlandia, o de lugares descritos en el mapa pero aún por descubrir, al cartógrafo no le quedaba más remedio que confiar en el mapa original. Pero si se trataba de lugares que el cartógrafo creía conocer, como la costa atlántica de Europa y la zona del Mediterráneo, se sentía obligado a mejorar las cosas según el conocimiento del que dispusiese. Lamentablemente para los cartógrafos medievales y del primer Renacimiento y para el estudioso moderno, el conocimiento y las técnicas cartográficas de los siglos XV y XVI no estaban a la altura —en términos de precisión— de ciertos mapas que obraban en poder de algunos cartógrafos de la época.

Los misteriosos mapas originales se destacaban por ser muy precisos, mientras que los intentos del cartógrafo por mejorarlos según los conocimientos de la época daban como resultado distorsiones que desentonaban escandalosamente debido a su ignorancia. Algunos mapas, como el de Hadji Ahmed y el de Piri Reis, eran muchísimo más precisos que cualquier mapa de la época, obviando el hecho de que mostraban áreas que supuestamente aún estaban por explorar.

El mapa de Hadji Ahmed

COMENCEMOS POR EL MAPA DE HADJI AHMED. Lo dibujó un cartógrafo árabe, vagamente conocido, que trabajaba en Damasco. Está fechado en 1159 y muestra el mundo entero mediante una proyección algo extravagante, más artística que científica, típica de la cartografía árabe de mediados del siglo XVI. Si lo observamos atentamente, vemos que Hadji Ahmed «mejoró» el Mediterráneo según Ptolomeo —deformándolo—, y dibujó África según las mejores fuentes portuguesas a su disposición, deformándola también según la costumbre de mediados del siglo XVI.

Sin embargo, si nos fijamos en las dos Américas, tienen una forma casi moderna, y no se observan grandes diferencias con el mapa de Sudamérica de Mercator, dibujado diez años después según datos facilitados por exploradores de la época. Afortunadamente, parece ser que Hadji Ahmed no tuvo acceso a mapas contemporáneos de las Américas, con lo que tuvo que limitarse a copiar ciertos mapamundis misteriosos que obraban en su poder.

El desconocido mapa del que se sirvió Hadji Ahmed era más preciso que los datos de los que se disponía en 1559, lo cual le confiere un aspecto muy moderno. En él vemos Baja California, cuyo mapa aún no había sido trazado.

Vemos también la costa noroeste de Norteamérica, incluida Alaska, aún por descubrir. Descubrimos las islas Hawai, que aún tardarían doscientos años en ser descubiertas; y un rosario de islas en el Pacífico –que recuerda vagamente a las islas de Polinesia– que tampoco habían sido descubiertas. Vemos la Antártida con toda claridad, e incluso un esbozo de la península de Palmer, aún por descubrir.

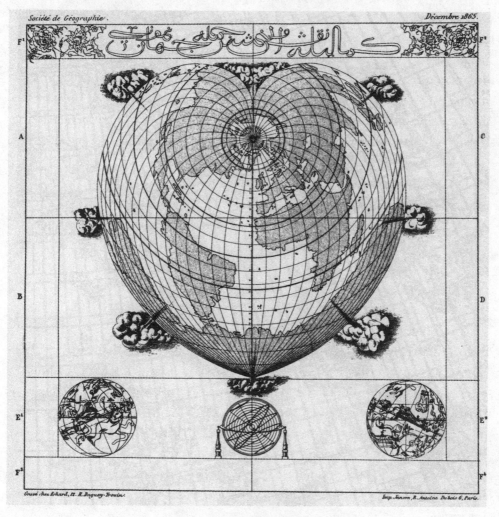

El mapamundi de Hadji Ahmed, 1559.

El Extremo Oriente, en la medida en que puede distinguirse en la curiosa proyección de «manzana partida» utilizada en el mapa, aparece deformado, pero razonablemente preciso. Pero lo más extraño y desconcertante del mapa es la región que une Alaska con Asia. El arco de las islas Aleutianas se describe con precisión, pero no encontramos el estrecho de Bering por ninguna parte; en su lugar vemos una extensa franja de tierra. La parte superior del mapa describe cómo era dicha región hace diez mil años, y muestra el «puente de tierra de Bering» que une Asia con Norteamérica, y lo muestra tal como era. Hasta 1958, Año Geofísico Internacional, los científicos creían que el puente de tierra de Bering había sido precisamente eso, un «puente», es decir una estrecha franja de tierra que conectaba Asia con Alaska. Sondeos realizados en 1958 demostraron de manera concluyente que dicha franja de tierra no había sido un estrecho puente, sino una extensión de tierra de proporciones casi continentales que incluía toda la zona al norte de la cordillera de las Aleutianas y Alaska. Es decir, tal como lo había dibujado Hadji Ahmed en su mapa.

Este hecho no admite ningún tipo de especulación. ¿O acaso se trata de una coincidencia? Quizá un cartógrafo mediocre, al no saber cómo acababan Asia y Norteamérica, decidiera simplificar las cosas y unir ambos continentes. Hapgood y Bradley opinan que el mapa de Ibn ben Zara comparte una característica peculiar común a todos los portulanos, y en especial a los mejores: una precisión asombrosa en términos generales, pero el nivel del mar está demasiado bajo.

En el mapa de Ibn ben Zara la mayor parte de las islas del Egeo aparecen representadas un poco más grandes de lo que son en la actualidad, en tanto que vemos ciertas islas «adicionales» que no existen hoy día, pero que quedarían a la vista si el nivel del mar descendiese entre 60 y 90 metros. Estas islas existieron hace diez mil años, hacia finales de la Era Glacial, cuando el nivel del mar era precisamente entre 60 y 90 metros más bajo que en nuestros días. En el mapa de Ibn ben Zara observamos también que los deltas de ríos como el Nilo y el Ródano son bastante más pequeños que en la actualidad, como si los ríos fuesen más jóvenes y acabasen de comenzar a fluir tras la retirada de los hielos.

En el mapa de Hadji Ahmed observamos que el mismo fenómeno se reproduce en otras zonas además de en la región de las Aleutianas. En el sur de California hay un enorme saliente que se extiende hacia el Pacífico, en el lugar donde hoy en día encontramos una especie de plataforma continental que hace miles de años estuvo por encima del nivel del mar. Si observamos el noreste de Norteamérica, vemos una ensenada que representa la bahía de Fundy o el estuario del río San Lorenzo, pero Nueva Escocia y Terranova están unidas. Así debió de ser hace diez mil años, pues los Grandes Bancos de Terranova y el Banco Georges junto a Nueva Escocia habrían estado por encima del nivel del mar. El profesor Steve Davis, de la Universidad de St. Mary en Halifax, Nueva Escocia, causó un gran revuelo entre los arqueólogos canadienses al anunciar que un pesquero había sacado a la superficie utensilios humanos en la zona del Banco Georges. Davis estimó que los restos databan de unos diez mil años atrás. Es decir, que esas tierras ahora sumergidas estuvieron un día habitadas. Aunque la prensa canadiense adornó los titulares con fantásticas alusiones a la Atlántida, los restos encontrados eran utensilios primitivos para tratar el pescado, muy parecidos a los utilizados hoy en día por los esquimales y por los desaparecidos indios beothuk de Terranova.

Dado que la cuestión del nivel del mar es común a todos los portulanos y a los mapamundis de los que éstos se copiaron, ¿hemos de creer que hace diez mil años se trazaron mapas precisos de la Tierra y que algunas copias llegaron a la época medieval?

El mapa de Piri Reis

El mapa de Piri Reis, hallado en 1929 en el museo Topkapi en Estambul, constituye un rompecabezas aún mayor. Fue realizado en 1519, año en el que la expedición de Magallanes partió para circunnavegar el mundo; pero la expedición no regresó a Europa hasta 1521, así que Piri Reis no pudo haberse basado en información recogida del viaje. Según unas notas al margen, probablemente escritas por el propio Piri Reis, el mapa se basaba en «el mapa de Colón» y en otros mapas «de la época de Alejandro Magno». Obsérvese que

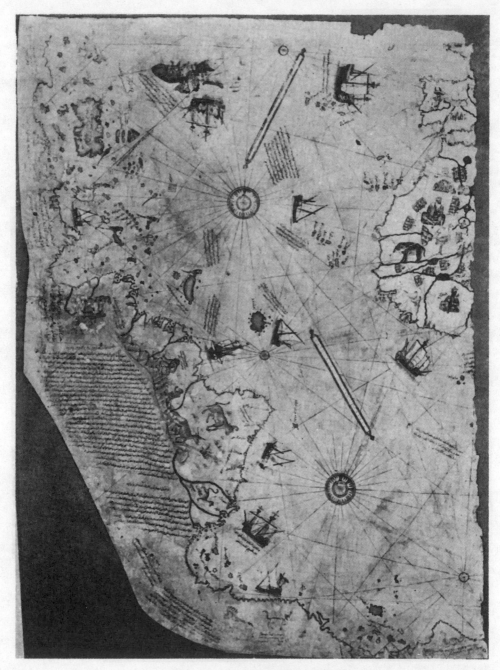

Mapa número uno de Piri Reis.

**Mapa número dos
de Piri Reis.**

Piri Reis no habla de un mapa realizado por Colón, sino de un mapa de Colón.
Piri Reis fue un pirata islámico que llegaría a convertirse en almirante turco
—en realidad era judío, como muchos otros en las cortes árabe y turca—, y
pudo haber estado en posición de saber, o adivinar, con qué clase de mapa
contaba Colón y de qué mapamundi había sido copiado.

En cualquier caso, su mapa causó un enorme revuelo en círculos diplomá-
ticos y geográficos, ya que mostraba el continente americano con una precisión increíble. El problema residía en que en 1519 América aún no había sido
explorada, ni siquiera costeada a gran escala. Los europeos comenzaban a
aventurarse más allá del Caribe: Cortés desembarcaba en México ese mismo
año, y Pizarro aún no había entrado en contacto con los incas de Suramérica.
¿Cuál pudo haber sido la fuente de un mapa semejante? Henry Stimson,
secretario de Estado estadounidense en aquella época, se carteó con mucha
frecuencia con las autoridades turcas durante buena parte de la década de
1930. Stimson le pedía a los turcos que realizasen una búsqueda meticulosa
en sus archivos para ver si salían a la luz mapas similares. Las autoridades turcas accedieron a sus peticiones, o eso dijeron, pero no apareció ningún mapa
semejante a los de Hadji Ahmed o Piri Reis.

El mapa de Piri Reis reproduce la costa del Nuevo Mundo con una precisión asombrosa, aunque al lector medio quizá no se lo parezca. Sin embargo,
los expertos en cartografía de los años 30 sí que supieron reconocer inmediatamente que el mapa de Piri Reis había sido dibujado con un tipo muy especial de proyección: la proyección azimutal equidistante. He intentado expli-
carlo y demostrarlo visualmente en las ilustraciones que acompañan a estas
páginas. Si las observan atentamente y leen las descripciones, entenderán las
sorprendentes implicaciones del mapa que nos ocupa. Los expertos en cartografía se mostraron —y siguen haciéndolo— asombrados e intrigados.

El profesor Charles Hapgood pasó mucho tiempo analizando el mapa de
Piri Reis, y el Mando Aéreo Estratégico se mostró totalmente de acuerdo
tanto con sus métodos como con sus sorprendentes conclusiones: el mapa de
Piri Reis sólo pudo haber sido dibujado a partir de datos extraídos de una
fotografía aérea. En la obra de Hapgood *Maps of the ancient sea-kings*[36] encon-
trarán un análisis detallado y profusamente ilustrado de este mapa y de
muchos otros. Los historiadores están en deuda con Hapgood por haber reco-
pilado todos esos mapas y habernos revelado su asombroso contenido.

El mapa del Norte de Zeno

Es probable que Henry Sinclair, que fue gran maestre de los templarios después la huida de la Orden a Escocia, tuviese en su poder un mapa sorpren-
dente cuando zarpó hacia Nueva Escocia en 1398 —tema del que hablaremos
en el próximo capítulo. Dicho mapa se conoce con el nombre de «Mapa del
Norte de Zeno», y lo dibujó Antonio Zeno, navegante veneciano a las órdenes
de Sinclair, a finales del siglo XIV.

Supuestamente, el mapa es el resultado de un viaje realizado por los hermanos Zeno, Antonio y Nicolo, que zarparon de Venecia en 1380. Su expedición pudo haberlos llevado a Islandia y Groenlandia, y quién sabe si también
a Nueva Escocia. Trazaron un mapa del Atlántico Norte que estuvo perdido
durante dos siglos, hasta que fue descubierto por uno de sus descendientes en
la década de 1550.

Un estudio minucioso del mapa, realizado por Hapgood —y relatado en detalle en su libro—, revela que Antonio Zeno copió su mapa de algún otro extremadamente preciso dibujado mediante proyección cónica. Antonio no estaba familiarizado con ese tipo de proyección —algo comprensible, dado que no se «inventaría» hasta tres siglos después de su muerte—, y también «mejoró» ciertos aspectos en la medida de sus conocimientos.

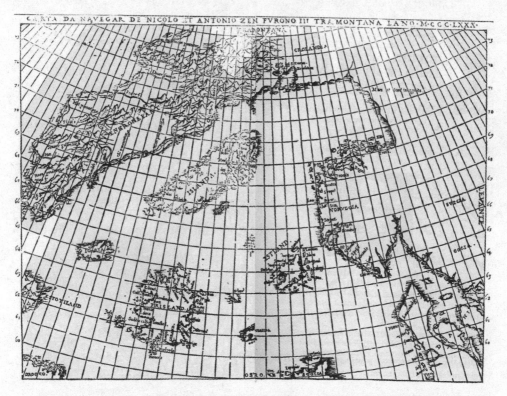

El mapa de Zeno con una proyección polar de Charles Hapgood.

René Noorbergen coincide en que los hermanos Zeno no pudieron ser los cartógrafos originales. Es de suponer que los hermanos desembarcaron en Islandia y Groenlandia, aunque su mapa establece con total precisión la longitud y la latitud no sólo de estas tierras, sino también de Noruega, Suecia,

Dinamarca, la costa báltica alemana, Escocia e incluso tierras tan poco conocidas como las islas Shetland y las Faroe. Los cartógrafos originales conocían,
asimismo, la longitud correcta en grados de todo el Atlántico Norte; así pues,
es muy probable que el mapa, en lugar de haber sido realizado a posteriori,
fuese dibujado por los hermanos Zeno antes del viaje y utilizado en su expedición a las tierras del norte.[30]

Para hacernos una idea de lo antiguos que debían de ser los mapas originales sólo tenemos que fijarnos en que el mapa de Zeno representa
Groenlandia libre de hielo. En su interior vemos montañas y ríos que desem-
bocan en el mar, donde hoy en día no hay más que glaciares. El capitán
Mallery, cuyo estudio del mapa de Piri Reis le llevó a analizar otros mapas del
Renacimiento como el de los hermanos Zeno, reparó en la existencia de una
llanura que ocupa el interior de Groenlandia, atravesada en su zona central
por montañas. Estos detalles no son apreciables en la actualidad debido a la
capa de hielo, pero su existencia se vio corroborada cuando la expedición al
Polo Norte del francés Paul-Émile Victor (1947-49) confirmó dicha topogra-
fía mediante sondeos sísmicos.[30]

Igual que existe la leyenda de que la Antártida estuvo un día libre de hielo
y quizá llegase a estar habitada, existen también otras leyendas que hablan de
una civilización que algún día pobló las tierras del norte, ahora enterradas bajo
muchos metros de hielo: las de Thule, Numinor e Hiperbórea. Egerton Sykes,
en la página 20 de su *Dictionary of non-classical mythology*, contempla la posibilidad de que la leyenda vikinga de Fimbulvetr —el «espantoso invierno» desen-
cadenante de los desastres épicos de Ragnarok y la caída de los dioses del
Valhalla— refleje un acontecimiento histórico: la destrucción de una civilización prehistórica que habría poblado las regiones boreales poco antes de la
Era Glacial.[30]

Resulta interesante preguntarse si el mapa de los hermanos Zeno muestra
lo que pudo haber sido el continente perdido de Thule, una tierra legendaria
situada al norte y citada por historiadores griegos y romanos: Diodoro Sículo
(*Biblioteca histórica,* siglo I a.C.), Estrabón (*Geografía,* siglo I a.C.) y Procopio
(*Historia de la guerra contra los godos,* siglo IV d.C.).

Thule era una isla del Atlántico Norte que se encontraba a seis días de navegación de las islas Orcadas y cuya extensión era diez veces superior a la de Gran Bretaña. Los historiadores de la Antigüedad sostenían que allí había bosques gigantes, muchos animales salvajes y varias razas de hombres, algunas de ellas muy primitivas, mientras que otras estaban más civilizadas, aunque practicaban sacrificios humanos. Durante el invierno, el sol no brillaba durante 40 días con sus noches, y en verano no se ponía durante un período similar. Curiosamente, existe un inmenso bosque petrificado en la isla Baffin, hecho que contribuye a confundir la idea que pudiésemos tener sobre la última glaciación, durante la cual, por extraño que parezca, enormes rebaños de mamuts lanudos y de rinocerontes se paseaban por el interior de Alaska e inmensos bosques poblaban la isla de Baffin en el Ártico, mientras que Michigan y Wisconsin estaban cubiertos por espesas capas de hielo. Ahora resulta que, increíblemente, Groenlandia pudo haber estado libre de hielo al mismo tiempo.

La leyenda de la tierra perdida de Thule ha tenido mucho peso dentro de la mitología nórdica, para los caballeros teutónicos en la Edad Media y para grupos ocultistas de la Alemania nazi. La Sociedad de Thule, a la que pertenecían Adolf Hitler y otros oficiales nazis, se reunía en Berlín y constituía un núcleo ocultista dentro del movimiento nazi.

Se creía que Thule —habitualmente identificada con Groenlandia— había sido una isla situada al norte de la Atlántida a la que muchos atlantes podrían haber huido antes de la destrucción de su tierra. ¿Procede el mapa de los hermanos Zeno de una época posterior al hundimiento de la Atlántida pero anterior al momento en el que el hielo cubrió por completo Groenlandia, la mayor isla del mundo? ¿Dónde pudieron encontrar algo así aquellos navegantes italianos?

Como ya hemos señalado, Antonio Zeno trabajó a las órdenes de Henry Sinclair. Quizá éste compartiese con aquél el mapa que serviría de modelo al de los hermanos. Pero ¿cómo había llegado a Rosslyn, hogar de los Sinclair, un mapa del Atlántico Norte extremadamente preciso? Es probable que llegase con los refugiados templarios.

La conexión templaria

La razón que lleva a tal conclusión es sencilla y, en mi opinión, está justificada. Hace no demasiado tiempo se hallaron dos mapamundis en archivos de Oriente Medio: el de Hadji Ahmed en 1860 y el de Piri Reis en 1929. Es probable que hubiese muchos mapas del estilo en esos mismos archivos hace unos 900 años, cuando los templarios tomaron y saquearon muchas ciudades bajo control sarraceno. Podemos aventurar sin temor a equivocarnos que unos cuantos mapas similares fueron descubiertos por la dinastía De Bouillon, fundadora de la orden del Temple. De Bouillon era descendiente de los reyes merovingios, y pertenecía por lo tanto a la estirpe del Santo Grial.

Seguramente los templarios apreciaron enseguida el valor de aquellos mapas. De haber sobrevivido el reino de Jerusalén, su riqueza y prosperidad futura habrían dependido del comercio, no de la agricultura —en el siglo XII, Palestina era muy parecida a como es en la actualidad. Cualquier cosa que hubiese colocado a los De Bouillon en una posición privilegiada de cara al comercio habría sido considerada un tesoro, y se habría encomendado a los templarios la tarea de protegerla.

Pero los De Bouillon perdieron Jerusalén. Volvieron a la Provenza francesa sólo para ser exterminados durante la cruzada contra los albigenses. Quizá sobreviviesen algunos representantes de aquel «Santo Linaje», pero poco después también los templarios serían proscritos y dispersados. Los mapas cobraron un valor mucho mayor del que habían tenido tiempo atrás en Palestina: la supervivencia misma del «Santo Grial» dependía de ellos. Si había una nueva tierra al otro lado del Atlántico, tal como mostraban los mapas de Hadji Ahmed y Piri Reis, podía existir un lugar a salvo de la Inquisición. Quedaba en manos de los templarios encontrarlo, y con esa esperanza huyeron a Escocia y Portugal con sus preciados mapas. Las expediciones atlánticas no se hicieron esperar.

Sabemos que Henry Sinclair poseía uno de aquellos mapas porque así aparece recogido en el relato detallado de su viaje, conocido como la «Narración de Zeno». Hablaremos de ella en el siguiente capítulo.

El misterioso mapa de Magallanes

También está demostrado que la realeza portuguesa –cuyos miembros pertenecían a los caballeros de Cristo, nueva encarnación de los templarios– estaba en posesión de mapas que mostraban los descubrimientos «por adelantado».

Antonio Pigafetta, navegante vinculado a la expedición de Magallanes de 1519, declaró lo siguiente en relación con el misterioso mapa del que disponía su patrón, copiado de otro propiedad del rey de Portugal: «Toda la tripulación pensaba que [el estrecho de Magallanes] no tenía salida por el oeste; sólo la confianza que tenían en el conocimiento superior del capitán les animaba a seguir adelante con la expedición. Pero aquel gran hombre, tan hábil como educado, sabía que debía buscar una salida de aquel recóndito estrecho, estrecho que había visto representado en una carta de navegación del excelente cosmógrafo Martín de Bohemia que poseía el rey de Portugal».

¿De dónde procedía dicha carta de navegación? Nadie lo sabe a ciencia cierta. No hay prueba de ello, pero parece probable que llegase a Portugal con

Fragmento de la cartografía magallánica.

los templarios —del mismo modo que el mapa del Norte de Henry Sinclair llegó a Rosslyn tras la dispersión de la Orden. Las coincidencias parecen apuntar en esa dirección, aunque no constituyan una prueba irrefutable.

Colón también tenía un mapa parecido; quizá se tratase de una copia de los mismos mapas que habían servido de modelo para el de Piri Reis, o de uno parecido al de Hadji Ahmed. En ambos aparece representado el Nuevo Mundo, y ninguno de los dos confunde América con Asia.

Hapgood señala que es probable que Colón no hubiese entendido la clase de proyección empleada en un mapa como el de Piri Reis, pero eso importa poco. Las distancias relativas son precisas según una proyección azimutal equidistante. En opinión de Hapgood, Colón habría reconocido fácilmente Europa y el Mediterráneo y elaborado una escala aproximada para el mapa entero basándose en las distancias europeas, que sí conocía. Habría sabido en qué dirección debía navegar y la distancia aproximada hasta su destino.

Así pues, se impone la hipótesis de que estos inexplicables mapamundis llegaron a Occidente con los templarios. Parece más que probable que éstos se hiciesen con ellos en Oriente Medio; quizá algunos los obtuviesen de los hashashins nizaríes, que tenían fama de coleccionar mapas, libros y todo tipo de manifestaciones del saber. Puede que muchos de ellos fuesen copias de mapas más antiguos, procedentes de grandes bibliotecas, como la de Alejandría.

Los marineros cuentan historias, y los mapas también. Una bandera negra con una calavera y dos tibias cruzadas ondeaba en lo alto de los barcos templarios en las islas Orcadas décadas después de la abolición de la Orden. No les quedaba más refugio que sus castillos de Escocia y Portugal. En 1391 el príncipe Henry Sinclair, gran maestre templario y almirante de la flota escocesa, conoció a Nicolo Zeno. Ambos idearían un plan para llegar a Norteamérica cien años antes que Colón.

Estaba a punto de comenzar una de las más grandes aventuras de la Historia, con episodios como la intrépida exploración de ignotos mares por la flota perdida de los templarios, el establecimiento de una pequeña colonia, un asesinato perpetrado por el Vaticano y la creación de una poderosa flota de renegados contra los enemigos del Temple.

Mapamundi de Galeano, 1510.

Mapa de Martin Waldesseüller de 1507. Por primera vez aparece la palabra América

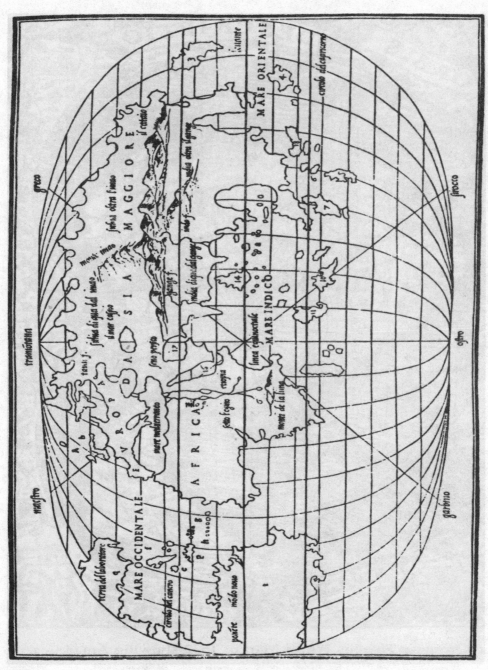

Mapa de Benedetto Bordone, 1528.

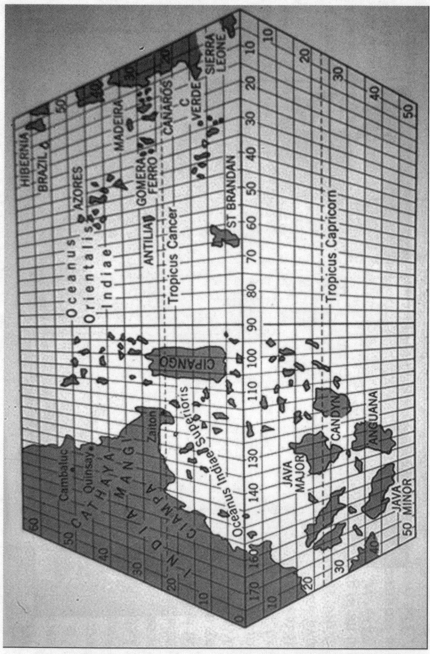

Reconstrucción de Hapgood del mapa de Toscanelli, 1474.

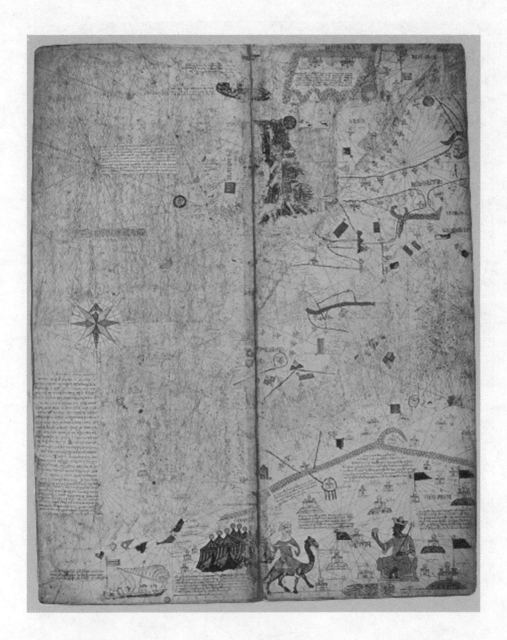

Cartulano de Cresques, siglo XIV.

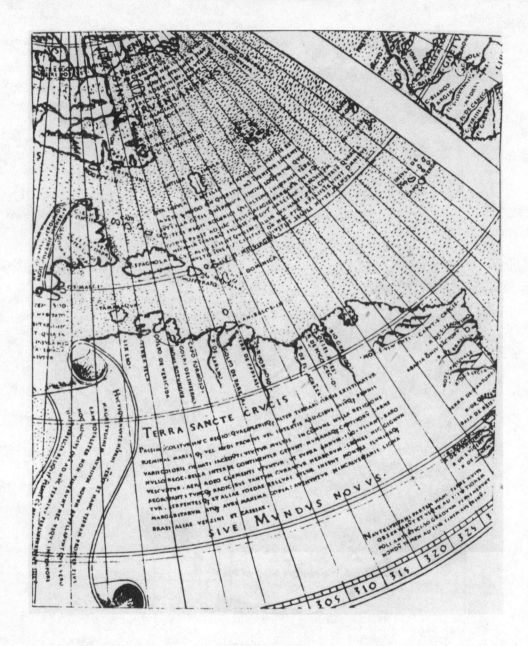

Mapa de América de Joannes Ruysch, 1508.

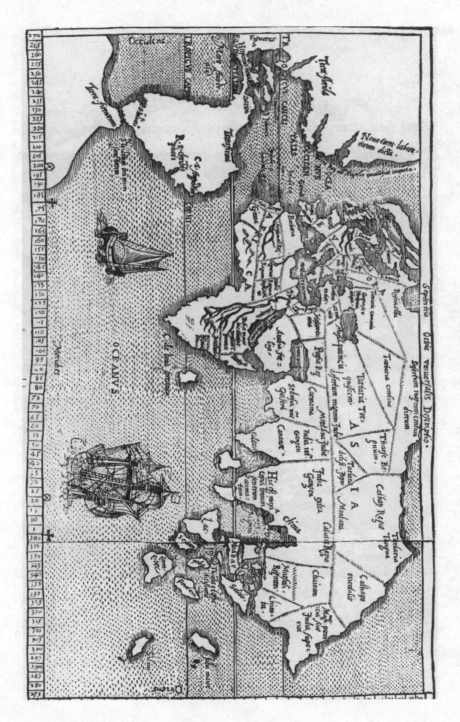

Mapa de Robert Thorne, 1527.

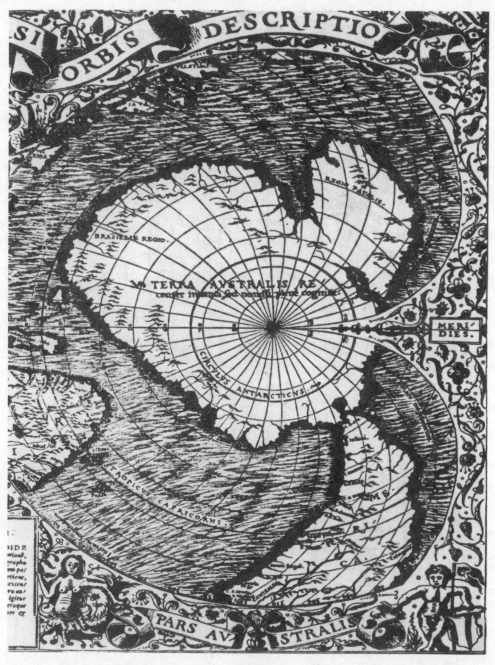

Mapa de la Antártida de Oronteus Finaeus, 1532.

El dinero es la fuerza más igualatoria que existe en la sociedad.
Le confiere poder a todo aquel que lo posee.
ROGER STARR

Retrocedemos hacia el futuro.
MARSHALL MCLUHAN

CAPÍTULO 6 PIRATAS, TEMPLARIOS Y EL NUEVO MUNDO

EL ORIGEN DE LA FAMILIA SINCLAIR

NO DEBEMOS SUBESTIMAR EL PAPEL desempeñado por la flota templaria en la colonización de Norteamérica, y quien la puso en marcha y más adelante fundó las logias masónicas que se extenderían a Nueva Escocia y Nueva Inglaterra fue la familia Sinclair.

Los Sinclair de Escocia son descendientes de Rognvald el Poderoso, conde de More en Noruega y de las Orcadas. En el año 876, su hijo Hrolf el Paseante remontó el río Sena y saqueó la campiña francesa. El rey Carlos III el Simple negoció un tratado de paz a cambio de la cesión de la provincia de Normandía y del control de Bretaña. La paz se firmó en el castillo de St. Clair-sur-Epte, en Bretaña, lugar del que los St. Clair (Sinclair) tomaron prestado su nombre.

Guillermo el Conquistador era primo de la familia, y nueve caballeros Sinclair lucharon junto a él en la batalla de Hastings. A la familia se le concedieron extensas propiedades en Inglaterra, y su presencia en Escocia es anterior a la conquista normanda. William St. Clair acompañó a Edgar Atheling en su viaje a Hungría y más adelante haría lo propio con su hermana Margaret de vuelta a Escocia con la «Vera Cruz», un fragmento de la cruz auténtica. William recibió la propiedad de Rosslyn «en arriendo vitalicio» de manos del rey en 1057. Rosslyn no ha cambiado de propietarios desde entonces, y su capilla resulta de capital importancia en la tradición templaria.

Fue construida entre 1446 y 1450, y está considerada el mayor tesoro de la francmasonería —rebosa imaginería templaria y cuentan que sus medidas se calcularon mediante una antigua geometría sagrada. La capilla ha generado debates interminables sobre la presencia de secretos templarios grabados en sus piedras.[12, 13, 55, 83]

A William le sucedió Henri de St. Clair, quien tomó parte en las primeras cruzadas y en la toma de Jerusalén en 1096, hecho que marcó el comienzo de la relación entre los Sinclair y los templarios. Roberto I Bruce concedió asilo a la Orden en Escocia tras haber sido proscrita por el Papa en 1307. Los Sinclair les permitieron establecer su sede en Ballintradoch, en la finca de Rosslyn.

En la batalla de Bannockburn (1314) —narrada en el Capítulo 3—, sir William Sinclair y dos de sus hijos encabezaron el contingente templario y pusieron en fuga al ejército inglés. Las órdenes templarias existentes en la actualidad siguen celebrando aquella victoria con una ceremonia en Bannockburn el día de San Juan. Cuando murió Roberto Bruce, la tarea

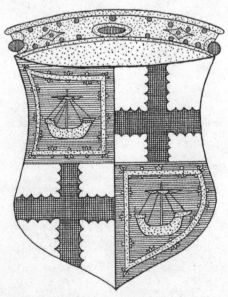

Escudo de armas de los Sinclair.

de llevar su corazón a Tierra Santa para enterrarlo recayó en dos caballeros Sinclair. Durante el viaje por España, junto a sir James Douglas y una compañía de caballeros, libraron una feroz batalla contra los moros en la que James Douglas y William Sinclair perdieron la vida. Los moros, impresionados por el valor de los caballeros escoceses, permitieron que los muertos fuesen devueltos a Escocia para ser enterrados allí.

Los Sinclair cuentan con una historia larga y distinguida en Escocia, donde su árbol genealógico se ha ido extendiendo. En 1455, William St. Clair de las Orcadas recibió el condado de Caithness, aunque no cabe duda de que allí vivían miembros de la familia Sinclair desde mucho antes. Parece ser que los Sinclair de Dun se habían instalado allí en 1379. Con el paso de los años, la familia ha dado muchos personajes distinguidos, entre los que se cuenta sir John Sinclair de Ulbster, primer presidente de la Junta de Agricultura en el siglo XVIII y recopilador y editor del Primer Informe Estadístico de Escocia.

Los Sinclair también jugaron un papel activo en la colonización del Nuevo Mundo y en la creación de nuevas naciones. Uno de sus descendientes más famosos fue el general de división Arthur St. Clair, que combatió con Amherst en Louisberg y con Wolfe en Quebec en el trascurso de las luchas contra los franceses por el control del territorio que hoy en día ocupa Canadá Durante la Guerra de Independencia americana fue el oficial de confianza del general Washington, y participó en muchas batallas. Esto no debe causarnos sorpresa, pues el apellido Sinclair era sinónimo de francmasonería escocesa, y casi todos los «padres fundadores» de Estados Unidos eran fervientes francmasones.

Armas de la familia Sinclair

Por increíble que parezca, el general de división Arthur Sinclair fue uno de los primeros presidentes estadounidenses. Durante el intervalo de ocho años entre la fundación de la nación y la ratificación de la Constitución (1781-1788) hubo ocho personas que ocuparon el cargo de presidente electo antes de George Washington. En cada uno de esos ocho años, el presidente del Congreso estadounidense era la primera autoridad de la nación, y su mandato duraba un año. El orden de aquellos ocho primeros presidentes es: John Hansen, Richard Henry Lee, Elias Boudinot, Thomas Mifflin, John Hancock, Nathaniel Gorhan, Arthur Sinclair y Cyrus Griffin. En 1789, George Washington se convirtió en el noveno presidente de Estados Unidos. El general Arthur St. Clair (Sinclair), heredero directo de los templarios, fue el séptimo, y más adelante sería gobernador del Territorio del Noroeste estadounidense.

La mayoría de los historiadores considera a los cultos esotéricos de los francmasones, rosacruces e *illuminati* organizaciones neotemplarias creadas para conservar y divulgar el conocimiento secreto de los templarios. Por lo visto hasta ahora de la historia de los Sinclair, no parece casual que los St. Clair de Rosslyn, antiguos paladines de la dinastía de Godofredo de Bouillon y de los templarios, se convirtiesen también en los líderes de la masonería escocesa por derecho propio. Tampoco es casual que ésta arraigase con tanta fuerza en Canadá y el Nuevo Mundo.

Castillo de Rosslyn en Escocia.

El viaje secreto del príncipe Henry Sinclair

UNO DE LOS PERSONAJES MÁS INTERESANTES de la larga lista de los Sinclair fue el príncipe Henry Sinclair, último rey de las islas Orcadas. Al igual que otros nobles de la Edad Media, Henry poseía muchos títulos. Era «rey» de las Orcadas, aunque éstas fuesen oficialmente un condado que le había concedido el rey de Noruega, y poseía más tierras en tanto que vasallo del rey de Escocia. También era gran maestre templario, veterano de las cruzadas y, según algunas fuentes, poseedor del Santo Grial.[12]

Los Sinclair seguían estando muy unidos a las familias francesas de larga tradición templaria, especialmente la casa de Guise-Lorraine. En Francia seguía vigente la proscripción de los templarios y la confiscación de sus propiedades. Los Sinclair continuaron defendiendo a la Orden y oponiéndose a la voluntad del Papa de confiscar las propiedades templarias escocesas para entregárselas a la orden rival de los hospitalarios. La familia Sinclair alegó que los templarios no poseían propiedad alguna en Escocia, aunque admitió poseer ella misma más de 500 propiedades repartidas por todo el país, incluidos numerosos castillos. Uno de ellos era el de Kirkwall, en las Orcadas.

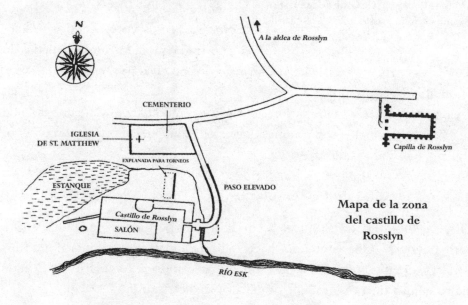

Mapa de la zona del castillo de Rosslyn

Mapa de Frederick Pohl de las islas Orcadas con la localización del castillo de Kirkwall.

Con el paso del tiempo, las cosas resultaban cada vez más difíciles. Los grupos templarios, más aislados que antes, se fueron distanciando de las familias francesas que habían fundado la Orden. Los Sinclair, erigidos en líderes de los templarios y quién sabe si en guardianes de su famoso tesoro, se fueron separando de Francia debido en parte a que una Inglaterra hostil se interponía entre ellos y los puertos franceses, y también porque dichos puertos estaban controlados por el Vaticano.

En 1391, el príncipe Henry Sinclair y el famoso explorador y cartógrafo Nicolo Zeno coincidieron en la isla Fair, un lugar aislado a mitad de camino entre las Orcadas y las Shetland. Como ya hemos visto, Zeno y su hermano eran conocidos por sus mapas de Islandia y el Ártico. Sinclair llegó a un acuerdo con ellos para enviar una expedición al Nuevo Mundo.[12]

Con la ayuda de los templarios, el príncipe reunió para el viaje una flota de doce barcos equipados con cañones. La expedición, guiada por Antonio Zeno, tenía a Sinclair al mando.

El tesoro perdido de los templarios

¿QUÉ EMPUJÓ A HENRY SINCLAIR a enviar la flota perdida de los templarios a Norteamérica? ¿Qué pretendía hacer allí? ¿Fundar una colonia donde los templarios pudiesen vivir en paz? ¿Trasladar el tesoro templario a un lugar seguro en una tierra remota, lejos del alcance del Vaticano?

En su libro *Holy Grail across the Atlantic*[9], Michael Bradley intenta demostrar que Sinclair transportó un enorme tesoro al Nuevo Mundo. Sostiene también que el tesoro había sido guardado en Montségur, en los Pirineos franceses. El 16 de marzo de 1244, el ejército a las órdenes de Simón de Montfort y la Inquisición tenía la ciudadela bajo estado de sitio, pero Bradley opina que los templarios hicieron desaparecer el tesoro secreto y lo pusieron a salvo. Dicho tesoro quizá incluyese antiguas riquezas de Oriente Medio y la Sangreal —o linaje de Jesucristo—, entre otros muchos.

Aunque hay quien sostiene que las SS alemanas se llevaron reliquias sagradas de Montségur —el Santo Grial, por ejemplo— durante la II Guerra Mundial, parece más probable que los objetos más importantes del tesoro, como el Grial y el Arca de la Alianza, hubiesen sido rescatados por los reyes merovingios durante el asedio de 1244 o justo después. Lo que sí es probable que descubriesen los nazis en los alrededores de Montségur es el tesoro de los cátaros.

En opinión de Bradley, las primeras expediciones transatlánticas fueron un intento por descubrir una nueva tierra y fundar un nuevo país donde los templarios y la familia real merovingia —o «Santa Sangre»— pudiesen vivir en libertad: «Los templarios habían sido creados por Balduino, segundo rey de Jerusalén y hermano pequeño de Godofredo de Bouillon. Su misión y razón de ser era la de proteger a la dinastía De Bouillon, dinastía que prácticamente había sido destruida durante la cruzada contra los albigenses. Para empeorar aún más las

María Magdalena sostiene un huevo como símbolo de Jesucristo. Sus hijos forman parte de la dinastía del Santo Grial.

cosas, sus guardianes los templarios habían sido aplastados, dispersados y disueltos. Pero los templarios se distinguían precisamente por su lealtad y valentía sin parangón. Siempre habían sido escogidos cuidadosamente por esas cualidades.

«Si las expediciones transatlánticas partieron de Portugal y Escocia poco después de la llegada de refugiados templarios a ambos reinos, no resulta descabellado especular sobre la posibilidad de que éstos intentasen encontrar un refugio para los miembros supervivientes de la dinastía De Bouillon, a quienes habían jurado proteger. Los supervivientes evacuados de Montségur —si los había, tal como cuenta la leyenda— habrían necesitado encontrar un lugar a salvo de la Inquisición. A largo plazo, en Europa no había ningún lugar que pudiese considerarse seguro; todo el continente estaba controlado por la Iglesia Católica. Algunas zonas marginales, como Portugal y Escocia, podían servir a corto plazo, pero sólo como trampolines temporales hacia algún refugio seguro. El sureste europeo y el Mediterráneo no podían ser tenidos en consideración, pues estaban controlados por los sarracenos. El interior y el noreste de Europa tampoco contaban, pues dichas regiones luchaban por su propia supervivencia contra mongoles, tártaros y turcos. Sólo había una dirección posible: hacia el oeste. Más allá del Atlántico quizá hubiese una tierra libre del control de la Iglesia Católica donde fuese posible establecer un refugio seguro.»[9]

La Narración de Zeno y la flota perdida de los templarios

NICOLO Y ANTONIO ZENO escribían con regularidad a su hermano Carlo, en Venecia. Esta correspondencia ha pasado a la Historia como la Narración de Zeno. En ella se nos cuenta que en 1371 el viento arrastró a alta mar a cuatro barcos pesqueros propiedad de súbditos de Sinclair, que llegaron a una tierra lejana hacia el oeste (probablemente Terranova). Tras pasar veinte años allí y en tierras más al sur, uno de ellos fue recogido por pescadores europeos y regresó a Escocia. Debió de ser en 1391, el año en el que Sinclair se reunió con Nicolo Zeno para planear una expedición transatlántica. Aunque no hubiese tenido noticia de la existencia de tierras al otro lado del océano, la vuelta de los pescadores se lo habría confirmado. Sinclair decidió explorar

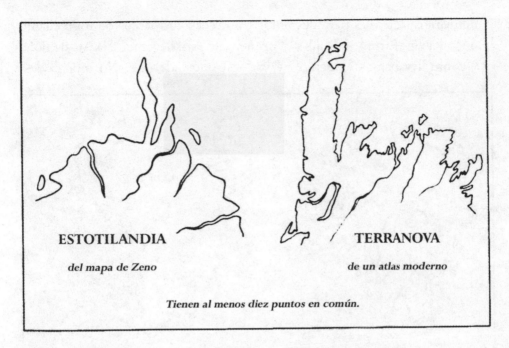

ESTOTILANDIA

del mapa de Zeno

TERRANOVA

de un atlas moderno

Tienen al menos diez puntos en común.

aquellas tierras, y zarpó con una flota de doce barcos, que se cree que formaban parte de la flota perdida de los templarios.

Antonio Zeno, en su *Narración de Zeno,* relata su expedición:

El noble [Sinclair] está decidido a enviar una flota hacia aquellas tierras, y hay tantos que quieren formar parte de la expedición debido a la novedad y extrañeza del asunto que creo que contaremos con un gran apoyo sin apenas gasto alguno.

Zarpé con un buen número de barcos, pero no era yo quien estaba al mando como esperaba, pues Sinclair fue en persona.

Durante los preparativos para nuestro viaje a Estotilandia nos sobrevino la mala suerte, pues tres días antes de la salida murió el pescador que había de servirnos de guía. Sin embargo, Zichmni [Sinclair] no renunció a su empresa, pero en lugar del pescador fallecido enroló a unos marineros que habían venido con él de la isla.

Habiendo zarpado en dirección oeste avistamos unas islas sometidas a Frislanda, y tras dejar atrás algunos bajíos arribamos a Ledovo, donde nos detuvimos siete días para descansar y proveer a los barcos de todo cuanto necesitaban. Partimos de allí y el primero de abril llegamos a la isla de Ilofe, y como llevábamos el viento a favor, seguimos adelante. No mucho des-

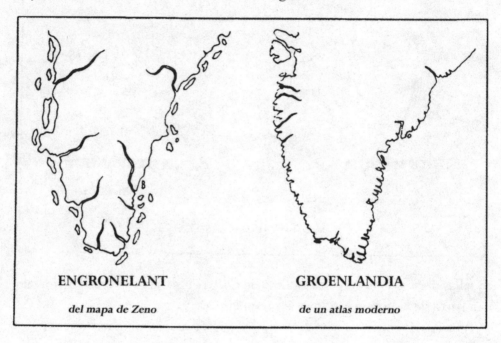

ENGRONELANT

del mapa de Zeno

GROENLANDIA

de un atlas moderno

pués, ya en alta mar, se levantó una tormenta tan terrible que durante ocho días no paramos de trabajar, y nos vimos arrastrados quién sabe dónde, y un gran número de barcos quedaron aislados de los demás. Finalmente, cuando amainó la tormenta, conseguimos reunir a los barcos extraviados y, navegando con el viento a favor, avistamos tierra al oeste.

Pusimos rumbo hacia ella y llegamos a un puerto tranquilo y seguro, donde vimos muchos hombres armados que se acercaban corriendo, listos para defender la isla.

Sinclair ordenó a sus hombres que les hiciesen señas de paz, y ellos enviaron una delegación de diez hombres que sabían hablar diez idiomas, ninguno que nosotros pudiésemos entender, excepto uno procedente de Islandia.

Fue llevado ante la presencia de nuestro Príncipe y se le preguntó cuál era el nombre de la isla, qué gente la habitaba y quién era su gobernador.

Contestó que la isla se llamaba Icaria, y que todos sus reyes se llamaban Ícaro, en honor al primer rey, hijo de Dédalo, rey de Escocia.

Dédalo había conquistado la isla y abandonado a su hijo allí como rey, y les había dado las leyes que aún seguían vigentes. Más tarde, cuando se disponía a proseguir su camino, se ahogó en el curso de una gran tempestad. En su honor, aquel mar recibió el nombre de mar de Icaria, y los reyes de la isla fueron llamados Ícaro. Estaban satisfechos con el estado que Dios les había dado, y no tenían intención de modificar sus leyes ni admitir a ningún extranjero.

Así pues, le pidieron a nuestro Príncipe que no intentase entrometerse en sus leyes, que les había legado aquel rey inolvidable, y cuya observancia había continuado hasta el presente; si lo intentaba, estaría buscándose su propia destrucción, pues todos ellos preferían morir antes que faltar al cumplimiento de sus leyes. No obstante, para que no creyésemos que rechazaban relacionarse con otros hombres, finalmente se mostraron dispuestos a recibir a uno de los nuestros y a darle una posición honorable entre ellos, aunque sólo fuese por aprender nuestro idioma y obtener información sobre nuestras costumbres, del mismo modo que habían hecho con aquellos otros diez hombres de diez países diferentes que habían llegado a su isla.

Nuestro Príncipe se limitó a preguntar dónde había un buen puerto y a hacer señas de que se disponía a partir.

Costeando la isla arribó con todos sus barcos con las velas desplegadas a un puerto que encontró en la parte oriental. Los marineros desembarcaron para buscar leña y agua, haciéndolo con tanta rapidez como les fue posible por miedo a ser atacados por los isleños, y no sin razón, pues los habitantes de la isla hacían señales a sus vecinos con fuego y humo. Cuando éstos hubieron acudido en su ayuda, ellos cogieron sus armas y todos corrieron hasta la orilla, donde se encontraban nuestros hombres, con arcos y flechas; varios resultaron heridos y muchos perdieron la vida. Aunque les hacíamos señas de paz, no servían de nada, pues su ira aumentaba por momentos, como si estuviesen luchando por su propia supervivencia.

Viéndonos obligados a partir, navegamos alrededor de la isla sin que en ningún momento dejase de seguirnos por playas y colinas un gran número de hombres armados. Finalmente, tras doblar el cabo norte de la isla, dimos con numerosos bajíos, donde durante diez días estuvimos expuestos a un peligro constante de perder nuestros barcos, pero afortunadamente el tiempo se mantuvo en calma. Hasta que llegamos al cabo más oriental de la isla pudimos seguir viendo a sus habitantes en playas y colinas, gritándonos y disparándonos a lo lejos para demostrar su hostilidad contra nosotros.

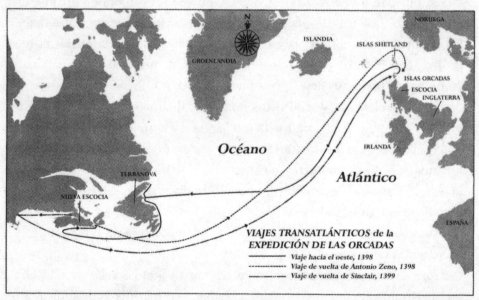

VIAJES TRANSATLÁNTICOS de la
EXPEDICIÓN DE LAS ORCADAS
——————— Viaje hacia el oeste, 1398
----------------- Viaje de vuelta de Antonio Zeno, 1398
———————— Viaje de vuelta de Sinclair, 1399

Decidimos seguir buscando un puerto seguro, para ver si así podíamos volver a hablar con el islandés, pero no conseguimos nuestro objetivo, pues aquella gente, que más parecían animales que personas, no bajaban la guardia para así poder rechazarnos si intentábamos desembarcar. Sinclair, viendo que no había nada que hacer, y consciente de que si perseverábamos en nuestro intento la flota se quedaría sin provisiones, partió con el viento a favor y navegó durante seis días hacia el oeste; pero como el viento cambió hacia el suroeste y el mar se encrespó, navegamos durante cuatro días con viento de popa y finalmente avistamos tierra.

Al estar el mar embravecido y no sabiendo de qué país se trataba, al principio nos dio miedo acercarnos, pero gracias a Dios amainó el viento y se instaló una gran calma. Unos cuantos miembros de la tripulación se acercaron a la orilla y regresaron enseguida con gran alegría contando que habían encontrado una tierra excelente y un puerto aún mejor. Nos acercamos a tierra en nuestras barcas y botes, y mientras entrábamos en un puerto excelente vimos a lo lejos una colina enorme que soltaba humo, lo cual nos dio la esperanza de encontrar habitantes en la isla. Por lejos que se encontrase, Sinclair no descansó hasta enviar cien hombres a explorar aquel país para que nos informasen sobre sus habitantes.

Mientras, nosotros hicimos provisión de madera y agua y capturamos una cantidad considerable de peces y aves marinas. También encontramos abundantes huevos de pájaro que nuestros hombres, medio muertos de hambre, devoraron hasta saciarse.

La llegada del mes de junio nos sorprendió allí fondeados, la temperatura en la isla era templada y extremadamente agradable; pero al no ver a nadie comenzamos a sospechar que aquel lugar estaba deshabitado. Al puerto le dimos el nombre de «Trin», y al saliente que se adentraba en el mar lo llamamos cabo Trin.

Pasados ocho días volvieron los soldados y nos contaron que habían atravesado la isla y llegado hasta la colina, de donde el humo salía de manera natural de un gran fuego a sus pies, y que había un manantial del que fluía una sustancia parecida a la brea, que iba a parar al mar; y que en las cuevas de los alrededores vivían muchos hombres en estado semisalvaje. Eran bajitos y muy tímidos. También nos dijeron que había un río, y un puerto seguro.

Cuando Sinclair oyó esto, habida cuenta de aquel entorno tan puro y saludable, de la fertilidad de su suelo, sus excelentes ríos y tantas otras comodidades, concibió la idea de fundar una colonia. Pero sus hombres, agotados, comenzaron a quejarse, aduciendo que deseaban regresar a sus casas, pues el invierno no estaba lejos, y si se establecían allí no podrían marcharse antes del verano siguiente. Así pues, retuvo sólo unos botes de remos y a aquellos de sus hombres que deseaban quedarse, y al resto les ordenó volver a los barcos, nombrándome a mí capitán en contra de mi voluntad.

Sin embargo, no tenía elección. Zarpamos y navegamos durante veinte días hacia el este sin avistar tierra alguna; cambiamos de rumbo hacia el sureste y en cinco días avistamos tierra, que resultó ser la isla de Neome. Como conocía el país, intuí que habíamos pasado Islandia; y como los habitantes eran súbditos de Sinclair, nos surtimos de provisiones y navegamos durante tres días hasta Frislanda, donde la gente, que pensaba que había perdido a su Príncipe a resultas del viaje tan largo que habíamos realizado, nos dio una cálida bienvenida (...) Todo aquello de lo que deseas que te hable: de sus habitantes y sus costumbres, de los animales y de los países colindantes, lo he escrito en otro cuaderno que, si Dios quiere, llevaré conmigo. En él describo el país, los peces gigantescos, las costumbres y las leyes de Frislanda, Islandia, las Shetland, el reino de Noruega, Estotilandia y Drogio; finalmente, describo (...) la vida y hazañas de Sinclair, príncipe de eterno recuerdo por su enorme valentía y su extraordinaria bondad.[11, 12]

Aunque la Narración de Zeno no nos facilite la fecha del viaje, se sabe que tuvo lugar hacia finales del siglo XIV. El escritor e historiador Frederick Pohl encontró la manera de fechar la expedición. Señaló que los exploradores acostumbraban a bautizar a sus descubrimientos según el calendario religioso, y se centró en las frases «La llegada del mes de junio nos sorprendió allí fondeados» y «Al puerto le dimos el nombre de Trin». ¿Podría «Trin» referirse al domingo de Trinidad, que es el octavo domingo a partir del domingo de Pascua? Al haber constancia de que Henry Sinclair murió en agosto de 1400, su viaje tuvo que ser anterior a esa fecha. Pohl buscó en qué fechas habían caído los domingos de Pascua anteriores y seleccionó el 2 de junio de 1398 de los siguientes domingos de Trinidad: 6 de junio de 1395, 28 de junio de 1396, 17 de junio de 1397, 2 de junio de 1398, 25 de junio de 1399 y 13 de junio de 1400.[11]

En opinión de Pohl, el 2 de junio de 1398 es la fecha más probable porque es el día más cercano a «la llegada del mes de junio».

El historiador canadiense William S. Crooker explica en su libro *Oak Island gold* que debió de ser unos años antes: «Por mi parte, no estoy seguro. Quizá Pohl creyese que dos años era tiempo suficiente para estar lejos de casa, pero a mí me parecen relevantes las palabras de Antonio a su regreso a Frislanda (las islas Orcadas de Escocia): "la gente, que pensaba que había perdido a su Príncipe a resultas del viaje tan largo que habíamos realizado". ¿Les habrían parecido dos años una "larga ausencia"? ¿No podría tratarse del 6 de junio de 1395? Quizá considerasen que el mes de junio había llegado durante la primera semana que habían pasado allí fondeados, y el domingo de Trinidad seguiría siendo un día válido del que tomar prestado el nombre. No obstante, el método deductivo de Pohl resulta inteligente, y casi todos los historiadores aceptan la fecha del 2 de junio de 1398. Aun así, creo que no deberían desdeñar mi propuesta quienes piensen que Sinclair habría necesitado más de dos años para realizar todo aquello que se le atribuye».[14]

El príncipe Henry en Nueva Escocia

LA CREENCIA DE QUE LA SEGUNDA «ISLA» que visitó la expedición de Henry Sinclair fue Nueva Escocia se basa en varias afirmaciones del relato de Zeno: «vimos a lo lejos una colina enorme que soltaba humo» y «hasta la colina, de donde el humo salía de manera natural de un gran fuego a sus pies, y que había un manantial del que fluía una sustancia parecida a la brea, que iba a parar al mar; y que en las cuevas de los alrededores vivían muchos hombres en estado semisalvaje». En 1951, William H. Hobbs, geólogo de la Universidad de Michigan, señaló que los únicos depósitos de brea en la costa norteamericana se encontraban en Stellarton y Pictou, en Nueva Escocia.11, 14

Los depósitos de brea de Stellarton van a parar al río, y en el pasado ardían descontroladamente. Además, la región de Stellarton era la única donde los indios micmac vivían en cuevas.

Suponiendo que la «colina enorme que soltaba humo» era el monte Adams, Pohl trazó una línea recta que partía desde los depósitos de brea de

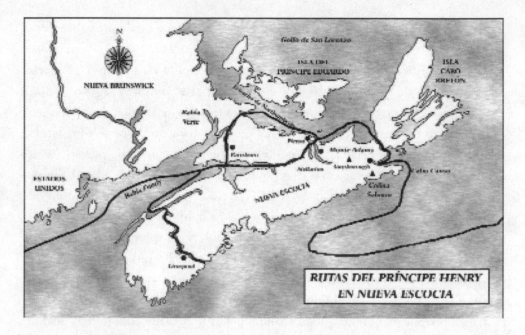

RUTAS DEL PRÍNCIPE HENRY
EN NUEVA ESCOCIA

Stellarton y cruzaba la montaña hasta llegar al océano Atlántico. La línea pasaba por la bahía de Chedabucto, lo cual le llevó a pensar que el puerto de «Trin» donde había fondeado Sinclair era probablemente la ensenada de Guysborough, a la entrada de la bahía.

En su Narración, Antonio Zeno no relata las actividades de Sinclair tras su desembarco en Nueva Escocia, sino que se centra en su vuelta a Frislanda. Sin embargo, sí que apunta que Sinclair estaba interesado en explorar el país y entablar contacto con sus habitantes. Mandó a cien de sus hombres a investigar la «colina enorme que soltaba humo», a explorar el país y a informarle sobre sus habitantes. Sus hombres volvieron y le hablaron de gentes que vivían en cuevas y de «un puerto seguro». Convencido de que la tierra que había descubierto era una isla, parece razonable pensar que siguiese la línea de la costa hasta llegar a la región de Stellarton, donde se congració con los indios y se sirvió de su ayuda para explorar aquel nuevo país.

Pohl reconstruyó las idas y venidas de Sinclair a partir de las leyendas de los micmac sobre Glooscap, el hombre-dios. Pohl identifica a Glooscap con Henry Sinclair basándose en una larga lista de semejanzas, entre las cuales está el hecho de que ambos tenían tres hijas. Otros estudiosos habían identificado previamente a Glooscap con un europeo; la conclusión de Pohl no parece tan descabellada.

En su libro *Prince Henry Sinclair*[11], Pohl sigue el rastro de los pasos de Glooscap. Cuentan las leyendas de los micmac que antes de la llegada del invierno Glooscap regresó al Atlántico desde la bahía de Fundy atravesando la península de Nueva Escocia. Pohl supone que Glooscap (Henry Sinclair) se dirigió hacia el oeste recorriendo la costa de la bahía de Fundy en Nueva Escocia hasta llegar a la cuenca de Annapolis y el lugar donde ahora se levanta la ciudad de Digby. Desde allí, remó hacia el este hasta Annapolis Royal, y desde allí llegó al Atlántico a través del conjunto de lagos existentes en la península y del río Mersey, que desemboca en el océano en Liverpool, Nueva Escocia. Parece una ruta lógica, pues proporciona una vía fluvial ininterrumpida. Uno de los lagos es el Rossignol, el más grande de la península de Nueva Escocia. Continuando con su expedición, Sinclair pasó el invierno en el cabo d'Or, en la bahía de Fundy.

En su libro *Holy Grail across the Atlantic*[9], Michael Bradley sostiene que Pohl se equivoca en la ruta de regreso, ya que un buen explorador habría tomado un camino de vuelta diferente para, de paso, explorar nuevas áreas del país. En consecuencia, se toma la libertad de revisar el mapa de Pohl sobre los viajes de Sinclair para mostrar un camino de vuelta más corto que atravesaría los ríos Gold y Gaspereau. Esto habría llevado a la expedición de Sinclair a la zona de New Ross, donde supuestamente construyó un pequeño castillo.

Bradley afirma que Sinclair llevó consigo a más de 300 colonos al Nuevo Mundo y construyó un «Castillo del Grial» en Nueva Escocia. Tan concluyentes son las pruebas del viaje de Henry Sinclair a través del Atlántico que Andrew Sinclair, uno de sus descendientes, escribió un libro titulado *La espada y el grial*[12] en el que le daba la razón a Bradley.

Ambos aseguran que el Castillo del Grial se construyó en una zona del interior de Nueva Escocia llamada «The Cross» (La Cruz). A este lugar podía llegarse por río desde cualquier extremo de la península de Nueva Escocia, y en la desembocadura de ambos ríos había una isla llamada Oak. Curiosamente, en una de estas islas Oak se encuentra el famoso «pozo del tesoro», un pozo artificial de decenas de metros de profundidad y con galerías laterales. Se cree que en dicho pozo hay escondido un tesoro, y se han invertido millones de dólares en varios intentos de llegar al fondo, sumergido bajo el agua. Más adelante retomaremos esta cuestión.[12]

En 1974 se informó al gobierno provincial del descubrimiento de lo que parecían ser los restos de un castillo del siglo XIV en el interior de la península de Nueva Escocia. En 1981, la Consejería de Cultura de aquella región le pidió a Bradley que supervisase una investigación en el yacimiento que duró hasta abril de 1983.

Bradley sigue defendiendo la idea de que en una colina de Nueva Escocia se encuentran los restos de una fortificación europea precolombina. Sostiene que las ruinas parecen corresponder a una construcción de piedra propia de finales del siglo XIV y semejante a otras fortificaciones del norte de Escocia y de los países escandinavos del mismo período. Se han descubierto otros restos que parecen ser atalayas de la fortaleza o asentamiento principal.

Bradley añade lo siguiente: «La recomendación de los responsables de la investigación, que duró dos años y medio, fue que un equipo de arqueólogos del Museo de Nueva Escocia trabajasen en el yacimiento, pero dicha tarea aún no se ha llevado a cabo. Me apresuro a señalar que no fuimos mis colegas y yo quienes descubrimos el resto de yacimientos que podrían estar asociados con la construcción principal en el centro de la península, sino Frederick Pohl y un equipo de la Universidad de Maine en 1959 y 1960. Existen pruebas —en su mayoría reveladas, si no descubiertas, por Frederick Pohl— que apuntan a que la expedición de Sinclair pudo haber llegado hasta Massachusetts, en el sur.»[9]

Según la familia Sinclair, tras pasar el invierno con los indios micmac, Henry exploró el litoral estadounidense. Sus barcos llegaron hasta Massachusetts, donde murió uno de sus caballeros. Existe una efigie de dicho caballero, que podría ser sir James Gunn de Clyth, esculpida en una pared rocosa en Westford, Massachusetts. Henry siguió navegando hasta Rhode Island, donde se cree que construyó la torre de Newport.[12]

En la capilla de Rosslyn encontramos más pruebas del viaje transatlántico de Henry; allí podemos ver grabados anteriores al viaje de Colón de maíz indio y de aloe norteamericano.

El asesinato de Henry Sinclair

EL PRÍNCIPE HENRY Y SU FLOTA regresaron a las
Orcadas en el año 1400. Tenía bajo sus órdenes
a una de las mayores y más experimentadas flotas de la época, y es probable que se estuviese
sirviendo de ella para fundar una colonia en
Norteamérica con la intención de trasladar allí
gran parte del tesoro templario.

Sin embargo, a su llegada al castillo de
Kirkwall en las Orcadas, Sinclair fue asesinado. Se desconoce el método utilizado; hay
quien ha señalado que lo asesinó un equipo
especial enviado a las Orcadas, mientras que
otros historiadores sostienen que murió al
intentar hacer frente a un destacamento del
ejército inglés que acababa de desembarcar en
Scapa Flow para saquear un pueblo cercano al
castillo de Kirkwall.

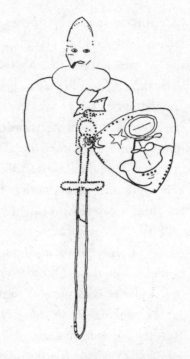

**Efigie del caballero de Westford,
Massachusetts.**

Apenas existen documentos sobre el tema, pero parece ser que en agosto
de 1400 Enrique IV de Inglaterra invadió Escocia, una época en la que los
guerreadores clanes escoceses se hallaban enfrentados entre sí –el clan Donald
contra el de los Sinclair y el de los McKay, entre otros.

Una versión de los acontecimientos sostiene que sir Henry fue despertado
a primera hora de la mañana para informarle de que un destacamento inglés
hostil había desembarcado cerca de Kirkwall. Sir Henry y sus caballeros, después de ponerse las armaduras y de ordenar ensillar sus caballos, cometieron
la imprudencia de salir del castillo y cargar contra los ingleses. Al parecer fueron aplastados por éstos, quienes mataron a muchos de los hombres de
Sinclair, y a él mismo.[44]

Debido a la existencia de datos demasiado vagos (un documento inglés sostiene que sir Henry murió en 1404) y a la ausencia de pruebas que confirmen
que en el año 1400 se produjo realmente una invasión masiva de las Orcadas,

ha cobrado fuerza la hipótesis de que Sinclair fue asesinado por una fuerza especial enviada por el Vaticano.

No me parece descabellado pensar que un equipo de hashashins del Vaticano, integrado en un grupo de asalto, desembarcase en Scapa Flow en aquella época para hacer caer a sir Henry en su trampa. Quizá sólo enviasen un barco y Sinclair pensase que, tratándose de un ataque pirata más, podía hacer frente a los intrusos. Tanto Frederick Pohl como Andrew Sinclair describen a sir Henry colocándose la armadura, a salvo en su castillo de Kirkwall, y cometiendo la imprudencia de salir a enfrentarse a aquellos navegantes rebeldes acompañado por unos cuantos de sus hombres.

Pudo haber sucedido así. Quizá Sinclair pensase que al comunicarle al barco y a su tripulación de saqueadores que estaban tratando nada menos que con el conde de las Orcadas en persona, éstos, ya se tratase de asaltantes vikingos, ingleses o escoceses, se marcharían. En cambio, parece ser que los asaltantes se abalanzaron sobre él y lo apuñalaron una y otra vez hasta que murió Resulta curioso que sus atacantes estuviesen tan decididos a asesinar a sir Henry: al ser informados de que se trataba del conde de las Orcadas, en lugar de desistir de sus propósitos se abalanzaron enfervorizados sobre él. Este desconcertante incidente se convertirá en un punto de vital importancia a la hora de tratar temas como la guerra en el mar, el control del Nuevo Mundo y el recrudecimiento de la piratería.

De haber seguido con vida, Sinclair podría haber declarado a los cuatro vientos que al otro lado del Atlántico Norte había una nueva tierra. Steven Sora, en *The lost treasure of the Knights Templar*[44], defiende todo lo contrario: es probable que sir Henry y la familia Sinclair hubiesen mantenido en secreto el emplazamiento de su nueva colonia durante algún tiempo.

El misterio de Nueva Escocia y de la Nueva Atlántida

BRADLEY Y SINCLAIR SON DE LA OPINIÓN de que la colonización de Canadá fue resultado directo del traslado del Santo Grial a aquellas tierras. Sinclair y los templarios estaban intentando fundar en el Nuevo Mundo la tan profetizada «Nueva Jerusalén».

Bradley sostiene que Samuel de Champlain (1567-1635), explorador francés y fundador de la colonia de Quebec, era un agente secreto de la dinastía del Grial, el cual fue trasladado a Montreal poco antes de que el almirante británico Sedgewick atacase Nueva Escocia en 1654. Dicho traslado corrió a cargo de una misteriosa sociedad secreta llamada Compagnie du Saint-Sacrement. Bradley añade que en la actualidad se desconoce su paradero.[9]

En su libro *The Templar's legacy in Montreal, the New Jerusalem*[33], Francine Bernier analiza pormenorizadamente las pruebas que indican que Montreal fue fundada ex profeso por los templarios para ser su ciudad santa.

La fascinante teoría según la cual los templarios llevaron el Santo Grial al Nuevo Mundo para fundar una Nueva Jerusalén nos conduce a los estudios sobre la Atlántida. Es probable que las hazañas del príncipe Henry influyescn a sir Francis Bacon, quien alrededor del año 1600 publicó su novela utópica inacabada *La nueva Atlántida*.

En su libro, Bacon relata cómo, en el curso de un viaje de Perú a China, el barco del narrador fue desviado de su rumbo y arrastrado hasta una tierra desconocida de los mares del Sur, donde una población tocada con turbante había creado una sociedad perfecta: un estado democrático con un rey ilustrado; algo en lo que Gran Bretaña aspiraba a convertirse.

Aquella gente había llegado a su país, al que llamaban «Bensalem», procedente de la Atlántida de Platón, que se encontraba en América. La utópica Atlántida americana de Bacon es una tierra muy desarrollada en el campo científico donde podemos encontrar submarinos, aviones, micrófonos, sistemas de aire acondicionado y una gran fundación dedicada a la investigación. Los habitantes de Bensalem son cristianos, pues San Bartolomé predicó el evangelio entre ellos.

El libro de Bacon se publicó 200 años después de la trágica muerte de Henry Sinclair en las Orcadas en 1400. ¿Acaso se inspiró en rumores de una nueva utopía fundada en América por Sinclair? Ciertamente, no es la historia que conocemos de Nueva Escocia.

Nueva Escocia fue bautizada originalmente como «Acadia» por el explorador Giovanni da Verrazzano en 1524. Era más culto que el resto de los primeros exploradores, así que resulta razonable pensar que le diese el nombre de «Acadie» o «Acadia» a aquellas tierras, equiparándolas con la Arcadia de la Grecia clásica. La región de Verrazzano se extendió hasta incluir toda Nueva Escocia, el sureste de Quebec y la zona este de Maine. Circula la hipótesis de que los indios micmac de la zona le dijeron a Verrazzano que aquel país se llamaba *cady* o *quoddy*, «tierra» o «territorio» en la lengua de los micmac. Verrazzano pudo haber intentado hacer un juego de palabras con el nombre «Acadia».

Interesante relación la de la Acadia de Verrazzano con la Grecia clásica y el antiguo Egipto, controlado por los griegos tras la invasión de Alejandro Magno.

Según explica Barry Fell en *America B.C.*[16], los indios micmac eran descendientes de los exploradores y colonos egipcios que habían llegado a Norteamérica. Fell desarrolló esta teoría en 1866 después de ver impreso el Padre Nuestro escrito en el lenguaje jeroglífico de los micmac. Dicho lenguaje había sido inventado supuestamente por un sacerdote francés, pero Fell reconoció que era prácticamente idéntico al lenguaje jeroglífico de los antiguos egipcios: muchos de los jeroglíficos, si no todos, tenían el mismo significado en los dos idiomas.

Fell dedica varias páginas de su libro a comparar los jeroglíficos de los micmac con los de los antiguos egipcios, y cuenta que los jeroglíficos micmac ya estaban en uso en 1738 cuando el abad Maillard los incluyó en su *Manuel Hieroglyphique Micmac*. Fell señala que los jeroglíficos egipcios no fueron descifrados hasta 1823, año en el que Champollion publicó su primer artículo sobre la Piedra de Rosetta. Tras una meticulosa investigación, Fell llegó a la conclusión de que los indios micmac y otros indios algonquinos llevaban al menos dos mil años utilizando un sistema de jeroglíficos egipcios. Cita al religioso Eugene Vetromile, quien afirmó en 1866: «Cuando los franceses llegaron a Acadia, los indios escribían en cortezas, árboles y piedras grabando símbolos sirviéndose de flechas, piedras afiladas y otros instrumentos. Acostumbraban a enviar a otras tribus trozos de corteza marcados con dichos símbolos, y a recibir contestación escrita del mismo modo, igual que hacemos nosotros con nuestras cartas y notas. Los jefes mandaban circulares, escritas del mismo modo, a todos sus hombres en época de guerra para pedir consejo y dar instrucciones.»[16]

Si de lo que se trata es de enumerar los misterios de Nueva Escocia y de la bahía de Fundy no podemos dejar de nombrar a Henriette Mertz y a su libro *The wine dark sea*[67], donde analiza el viaje de Odiseo (Ulises para los romanos) en la *Odisea* de Homero, epopeya de la Grecia clásica, y sigue el rastro del legendario navegante a través del Atlántico Norte. Según el detallado itinerario trazado por Mertz, Odiseo cruza el estrecho de Gibraltar y se adentra en el Atlántico Norte hasta llegar al cabo de la bahía de Fundy, que la autora identifica con los «monstruos» Escila y Caribdis. Homero describe el ataque de Caribdis a Odiseo: «... era sorbido por el mar salado (...) veíamos el mar arremolinado por dentro, y al fondo se veía la tierra negra de arena y la roca resonaba espantosamente a su alrededor» En opinión de Mertz, lo que realmente sucede es que Odiseo se ve atrapado en las mareas rápidas de la bahía de Fundy.

Templarios, piratas y el misterio de la isla Oak

Al sur de Halifax, en Nueva Escocia, se encuentra la bahía Mahone, y en una isla de esa bahía se esconde uno de los tesoros más famosos y misteriosos del mundo. La bahía fue bautizada según la tradición pirata, pues el nombre «Mahone» procede de la palabra turca que designa a «una embarcación baja, propulsada por largos remos llamados barrederos y muy utilizada en la Antigüedad por los piratas del Mediterráneo».[14]

Supuestamente, en la isla Oak hay enterrado un tesoro en un extraño pozo que lleva dos siglos dando quebraderos de cabeza a los buscadores de tesoros. En 1795, tres jóvenes fueron remando desde la península hasta la isla para pasar el día explorando. Descubrieron un roble[*] con una rama serrada que se proyectaba sobre una gran depresión circular en el terreno. Volvieron al día siguiente con picos y palas.

Al cavar, dejaron al descubierto un pozo circular de unos cuatro metros de anchura. Cuando llevaban tres metros cavados descubrieron una plataforma de troncos, y dos más a los seis y a los nueve metros de profundidad respectivamente. Las excavaciones se prolongaron durante muchos años, y se fue descubriendo una plataforma de troncos cada tres metros hasta llegar a los 24 metros de profundidad. A los 27 metros descubrieron una piedra plana y redonda con marcas que no supieron descifrar. Más tarde sería «descifrada», y supuestamente decía: «Tres metros más abajo hay enterrados dos millones de libras» Desde 1935 se desconoce el paradero de dicha piedra.

A los 30 metros, convencidos de que el tesoro estaba cerca, dejaron de cavar para descansar durante el fin de semana. Al volver al pozo se apoderó de ellos la consternación al comprobar que se había llenado de agua de mar. Sacaron el agua bombeándola y llegaron a los 33 metros, pero al no encontrar nada abandonaron la isla y su búsqueda muy a su pesar.

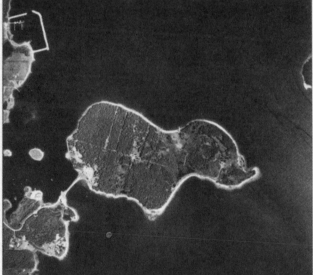

Fotografía aérea de la isla Oak.

Otras búsquedas realizadas posteriormente en el siglo XIX crearon túneles laterales y varios diques para evitar que el pozo se inundase. Supuestamente, en 1897 se encontraron dos cofres a una profundidad de 46 metros. En 1935 se alcanzaron los 51 metros y dos años después, los 54. En 1942 se descubrió un segundo túnel hasta el mar, y en 1971 un consorcio de Montreal compró la isla y descubrió una cavidad llena de agua a los 63 metros de profundidad. Según las noticias de la época, bajaron hasta la cavidad una cámara de televisión submarina que envió imágenes de tres cofres y de una mano cortada. Hasta la cavidad bajaron unos buceadores, pero llegaron demasiado tarde, pues mientras tanto el agua de mar había erosionado la cavidad. La búsqueda

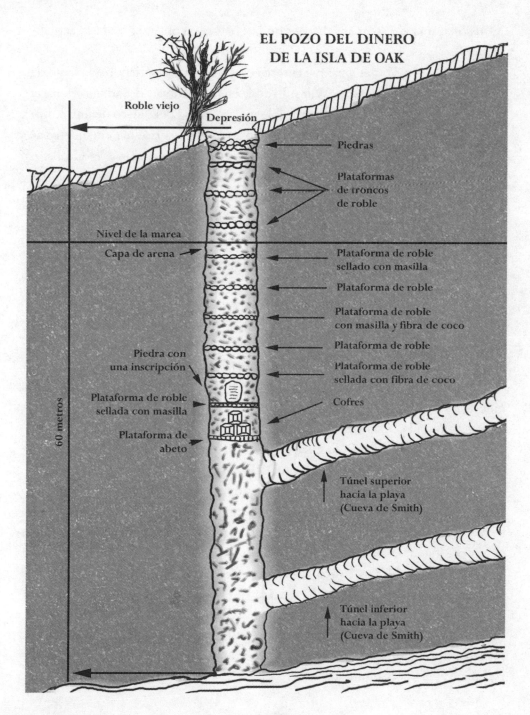

**EL POZO DEL DINERO
DE LA ISLA DE OAK**

Roble viejo

Depresión

Piedras

Plataformas
de troncos
de roble

Nivel de la marea

Capa de arena

Plataforma de roble
sellado con masilla

Plataforma de roble

Plataforma de roble
con masilla y fibra de coco

Plataforma de roble

Piedra con
una inscripción

Plataforma de roble
sellada con fibra de coco

Plataforma de roble
sellada con masilla

Cofres

Plataforma de
abeto

60 metros

Túnel superior
hacia la playa
(Cueva de Smith)

Túnel inferior
hacia la playa
(Cueva de Smith)

del tesoro, una de las más costosas de la Historia, continúa hasta la actualidad.[14, 15]

La identidad de la persona que enterró el tesoro ha ido variando a lo largo de los años: desde piratas como William Kidd, Henry Morgan o Barbanegra hasta los mismísimos vikingos. Es más probable que se tratase del dinero de una nómina británica o española que alguien ocultase en el pozo, a la espera de que cesasen los combates, durante una de las muchas guerras que asolaron el Caribe, o durante la Revolución americana. Si se trataba del tesoro de Barbanegra, no hay duda de que éste se llevó el secreto a la tumba. En 1718, el teniente de la Armada Real Robert Maynard recibió el encargo de Spotswood, gobernador de Virginia, de ir a la busca y captura de Barbanegra. Maynard localizó el barco pirata en Ocracoke, Carolina del Norte, y Barbanegra murió en el curso de la refriega. Quizá acabase de cavar el pozo de la isla Oak.

Otras hipótesis más peregrinas sostienen que fueron los incas quienes cavaron el pozo para esconder su tesoro del alcance de los conquistadores, o que se trataba de la tumba de un atlante. En un librito autopublicado, el investigador canadiense de la Atlántida Alexander Stang Fraser especula sobre la posibilidad de que el Gran Banco al este de la península del Labrador y de Nueva Escocia fuese el lugar donde un día se alzó la legendaria Atlántida, ahora sumergida. Fraser sostiene que un sistema de seguridad formado por túneles inundables, diseñado en apariencia para ahogar a los excavadores del pozo, habría impedido el robo del supuesto tesoro. «Esta contradicción indica que no estamos ante un tesoro enterrado y bien protegido, sino ante un modelo único de tumba. La protección de una tumba por el mar es coherente con la actividad marítima de los atlantes, y Mahone se encuentra en la zona de un posible emplazamiento de la antigua Atlántida.»[63]

Fraser llama al Gran Banco la «llanura Elísea», según la descripción de la Atlántida realizada por Platón, y se trata de una teoría interesante, ya que la zona, sumergida a poca profundidad bajo el Atlántico, estuvo un día por encima del nivel del mar y pudo haber albergado a una civilización. Sin embargo, parece improbable que el pozo del dinero de la isla Oak tenga relación alguna con aquella tierra hundida.

En la estela de tan peregrinas teorías no parece descabellado aventurar que el pozo del dinero pudo haber sido cavado por los templarios para esconder su tesoro durante el viaje de 1398 a Nueva Escocia. De hecho, tanto Bradley como Sinclair coinciden en afirmarlo en sus libros.

El perro negro de ojos rojos

EN SU LIBRO *OAK ISLAND GOLD*[14], WILLIAM CROOKER recoge unas cuantas historias populares de la isla Oak. Sostiene que Nueva Escocia está plagada de leyendas de piratas, y que el tesoro enterrado está profundamente enraizado en el inconsciente colectivo de las gentes de Chester y de la zona de la bahía Mahone. En un escaparate podemos observar un cofre del tesoro de imitación lleno de bisutería y objetos varios; junto a la entrada de una tienda de regalos monta guardia un maniquí ataviado de pirata, con botas de goma, armado con una espada y con el consabido parche negro tapándole un ojo; un letrero que anuncia visitas a la isla Oak muestra a un pirata transportando un cofre sobre su hombro derecho; hay restaurantes y bares de copas con nombres como «Asador y Bar la Trampa del Pirata» o «Bar Capitan Kidd».

En la isla Oak abundan las historias sobrenaturales con base en la piratería y en la superstición. Quizá la más espeluznante sea la de los piratas que crean un fantasma para proteger el tesoro. Cuenta la leyenda que la tripulación de un barco pirata, al enterrar un tesoro, se reunía alrededor del agujero en el que se había introducido el cofre y el capitán exclamaba: «¿Quién se queda a vigilar el dinero?». Al tratarse de gente codiciosa, los piratas discutían por el encargo, deseando ser los elegidos para poder quedarse el tesoro una vez que el capitán y su tripulación se hubiesen marchado. Alguna voz que gritase «¡Yo!» se oiría más alta que las demás, y el capitán hacía llamar al pirata en cuestión para decirle: «El trabajo es tuyo». Aquella misma noche, el capitán daba una fabulosa fiesta, con ron en abundancia, en la que todos los miembros de la tripulación se emborrachaban como cubas y bailaban alrededor de una enorme hoguera. Hacia el final de la noche, cuando la mayor parte de la tripulación ya había perdido el conocimiento y el resto estaba al borde del coma etílico, el capitán golpeaba al voluntario, convenientemente borracho, y lo arrojaba al foso, sobre el cofre del tesoro. A continuación ordenaba a unos cuantos —borrachos y tambaleantes, pero aún capaces de trabajar— que echasen la tierra al agujero a paladas, con lo cual dejaba a un fantasma encargado de vigilar el tesoro.[14]

Existen varias versiones sobre el método de elección del pirata que había de convertirse en fantasma. Según otra versión, se hacía acudir a la playa a un forastero desprevenido junto a otros hombres, y el inocente se presentaba voluntario creyendo que podría quedarse el botín para sí tan pronto como el barco pirata hubiese zarpado. Según otra versión, los piratas se reunían en la playa alrededor del pozo abierto donde previamente habían bajado el cofre del tesoro, para a continuación echar a suerte quién debía morir y ser enterrado con el botín. El «ganador» era decapitado por la tripulación o enterrado vivo junto al tesoro. Según una versión aún más truculenta, el capitán seleccionaba a un hombre al azar, le cortaba la cabeza y la tiraba al pozo, sobre el tesoro, para que lo vigilase.[14]

Una alternativa a la historia del fantasma pirata la encontramos en la leyenda de la isla Oak según la cual «un perro con ojos de fuego» protege el tesoro del capitán Kidd, que muchos creen que está enterrado en la isla. La historia habla de un perro con «ojos inyectados en sangre que brillan como dos carbones ardientes» que bien podría tratarse del mismísimo cancerbero. Otros creen que el perro es el fantasma de un pirata sacrificado en el pozo del dinero.

Harris Joudrey, que vivió en la isla Oak hasta los diez años, aseguraba haber visto el perro cuando tenía nueve años, en 1900.

Delantal masónico inglés completo, con la calavera y las tibias cruzadas.

Según su relato, un perro enorme estaba sentado en el umbral de la puerta de la «sala de calderas» del pozo del dinero. Nunca antes se había visto a aquel perro en la isla. El animal observó al niño y a sus compañeros mientras pasaban y hasta que desaparecieron de su vista, y nadie volvió a verlo jamás. Aquel incidente les «metió el miedo en el cuerpo» a Joudrey y a sus amigos.[14]

En otra versión de la leyenda, una pariente de Anthony Graves, de los Graves que controlaban casi la totalidad de la isla Oak, se llevó «un susto de muerte» al ver un perro tan grande como un potro. El encuentro se produjo en la zona norte de la isla, y la señora observó al enorme perro desaparecer por el lateral de un muro de piedra que delimitaba una de las lindes.[14]

A menudo se ha dicho que la creencia generalizada en fantasmas protectores de un tesoro enterrado dificultó las labores de contratación de mano de obra por parte de las primeras expediciones a la isla.

También se dice que los habitantes de la cercana localidad de Chester siempre se han mostrado supersticiosos hacia la isla Oak, y hay multitud de historias curiosas relacionadas con la isla.

Se cuenta que una luz podría indicar el lugar donde está enterrado un tesoro, y una de las historias habla de una luz brillante que aparece en la isla e ilumina el pozo del dinero. Se ha visto a hombres enterrando un tesoro al resplandor de la luz. Dicho fenómeno ha recibido el nombre de «mirar atrás en el tiempo»: la luz funcionaría como una máquina del tiempo que nos acerca el pasado para observarlo durante un momento.[14]

La creencia en el fenómeno de que las luces fantasmagóricas que se han visto por la noche suele indicar que un tesoro está enterrado cerca se ve corroborada por otra historia de Nueva Escocia. Cuando se encontró en Port Medway un cofre lleno de doblones, corrió el rumor de que se había visto una luz colgando sobre el lugar del descubrimiento. Los doblones fueron entregados al banco a cambio de una elevada cantidad de dinero.

No es la única historia que relaciona la aparición de una luz con un tesoro enterrado. Muchos vecinos creen que en la isla Tancook, en la bahía Mahone, se halla enterrado un tesoro, pues a menudo se ha visto allí una luz brillante antes de una tormenta.

Los misteriosos fantasmas con casacas rojas y el «Hombre del pasado»

LAS VISIONES EXPERIMENTADAS EN LA ISLA OAK constituyen una parte importantísima del folclore local. Hay dos historias que hablan de fantasmas ataviados con casacas rojas.

Se cuenta que un hombre estaba cavando en la isla Oak en busca de un tesoro, pero por razones desconocidas se vio obligado a abandonar su actividad temporalmente. Al retomarla, fue interrumpido por un hombre con un abrigo rojo que le dijo que no estaba cavando donde debía. A continuación, el hombre del abrigo rojo se desvaneció en el interior del pozo.

En 1940, una niña que vivía con sus padres en la isla Oak supuestamente vio a unos hombres en Smith's Cove ataviados con casacas rojas. Cuando entró corriendo en casa, lloraba y estaba asustada, por lo que su padre bajó corriendo a la playa a investigar. Allí no había nadie. Es más, era invierno y el suelo estaba cubierto de nieve, pero no había ni rastro de huellas.

Otra visión tiene que ver con quien se ha convertido en el lugar como el «Hombre del pasado». William, hijo de Anthony Grave, tuvo una visión en la década de 1850 mientras estaba en su barca cogiendo langostas en la cara norte de la isla Oak. El "Hombre del pasado" estaba sentado entre unos árboles cerca de la orilla. Llevaba largos bigotes, y llamó a William diciéndole: «Acércate, te daré todo el oro que puedas transportar» William no aceptó la oferta del espectro. Estaba tan asustado que se alejó del lugar tan rápidamente como se lo permitieron sus remos. William tenía algo más de veinte años cuando vio al Hombre del pasado, pero no contó la historia hasta encontrarse en su lecho de muerte.

Otra historia de visiones en la isla Oak: una persona que fue a visitar el pozo del dinero presenció el asesinato de un monje español. La víctima había sido degollada y enterrada en una tumba subterránea. Durante la visión, el turista entró en trance, y acabó rodando por el suelo y gritando.

Franklin Roosevelt y el tesoro de la isla Oak

EN ABRIL DE 1909, UN TAL CAPITÁN HENRY L. BOWDOIN fundó una compañía con el propósito de explotar el tesoro de la isla Oak. La llamó Old Gold Salvage and Wrecking Company, e instaló sus oficinas en el número 44 de la Avenida Broadway, en Nueva York. El capital autorizado de la empresa era de 250.000 dólares, dividido en una oferta pública de acciones a un dólar cada una.

El folleto de la compañía era excelente, y en él se estimaba el valor del tesoro «pirata» en más de diez millones de dólares.

Bowdoin propuso localizar el supuesto tesoro ubicando con exactitud el túnel inundable que permitía que el agua del mar entrase en el pozo, para a continuación colocar barreras y cortar el paso del agua. Esto se lograría excavando en el túnel, tanto en la orilla como en la parte del interior de dichas barreras, para finalmente sacar el agua del agujero mediante una bomba. Después de cegar el túnel, proponía trasladar su enorme equipo de excavación al pozo del dinero para recuperar el tesoro con la ayuda de una bomba extractora de 4.000 litros por minuto.

Reconociendo que su método podía fallar, Bowdoin ofrecía la siguiente alternativa: «Si por cualquier razón no se localiza el túnel, o la bomba no es capaz de extraer el agua y la pala no consigue subir el tesoro al completo a la superficie porque parte de él se hubiese deslizado a un lado, en ese caso podría introducirse en el pozo uno de los Cajones con Cámara de Aire de Bowdoin, hundirse a través de agua o tierra hasta alcanzar la profundidad deseada y desplegar unos tubos laterales para alcanzar cualquier punto al que nos propongamos llegar. El aire comprimido evita la entrada de agua y permite que los obreros trabajen en el fondo y que envíen a la superficie cualquier objeto mediante la cámara de aire. Este tipo de cajón se utiliza actualmente para excavar los cimientos a través de tierra y agua hasta llegar al lecho de roca; para cimientos de edificios y para atravesar el agua de un río y la piedra en el fondo; para cimientos de puentes, muelles, etc. Gracias a su uso, será posible recuperar el tesoro.»[14]

El folleto acaba avanzando los planes de la compañía para el futuro, una vez finalizado su trabajo en la isla Oak, y resumiendo sus objetivos: «La amplia cobertura periodística prestada al Sr. Bowdoin y su propósito de encontrar el tesoro de la isla Oak nos ha hecho recibir multitud de cartas en las que se nos informa de otros tesoros y objetos de valor que podrían recuperarse utilizando equipos científicos modernos. Algunos de ellos resultan de excepcional interés, pues se trata de valiosos cargamentos no perecederos de barcos hundidos cuya ubicación se conoce.

«Dado que hasta el momento no se ha realizado esfuerzo científico y sistemático alguno para encontrar y recuperar los cargamentos más o menos valiosos de barcos naufragados que suman más de cien al año, nos parece una buena política reunir un equipo moderno completo para —una vez recuperado el tesoro de la isla Oak— utilizarlo en un negocio de recuperación de tesoros y naufragios (...)

»La recuperación del tesoro [de la isla Oak] produciría un dividendo del 4.000 por ciento sobre el total del capital social. Teniendo en cuenta que la excavación debería realizarse en mayo o junio y estar acabada en tres o cuatro semanas, podría estar disponible este verano. Esto nos dejaría tiempo para la recuperación de un cargamento de excepcional valor antes del próximo invierno, cuando la maquinaria opere en aguas del sur, donde otros objetos de valor requieren nuestra atención.

»Para comprar el equipo, realizamos una oferta pública de acciones al popular precio de un dólar por acción. No se admitirán pedidos inferiores a diez acciones.»[14]

Parece ser que los artículos periodísticos sobre Bowdoin y el espléndido folleto de la Old Gold Salvage and Wrecking Company atrajeron la atención de Franklin Delano Roosevelt. Junto a tres de sus amigos —Duncan G. Harris, Albert Gallatin y John W. Shields— compró acciones de la compañía y visitó la isla Oak en varias ocasiones durante la expedición de Bowdoin, en 1909.

A pesar de la confianza en sí mismo que transmitía, Bowdoin sólo fue capaz de recaudar 5.000 dólares mediante la venta de acciones, pero Frederick Blair le ayudó concediéndole a la compañía un usufructo de dos años sobre la propiedad a cambio de sus acciones. La confianza de Bowdoin en sí mismo le hacía estar convencido de que lo lograría gracias a su experiencia en el campo de la ingeniería. Partió de Nueva York —con mucho retraso— el 18 de agosto de 1909. Después de comprar material adicional en Halifax, llegaron a la isla Oak el 27 de agosto e instalaron su base de operaciones, bautizada como «Campamento Kidd».

Tras un intento frustrado por localizar la entrada del túnel inundable en Smiths's Cove, Bowdoin se centró en el pozo del dinero. Todos los obstáculos, como plataformas y escaleras, fueron arrancados con la excavadora, que llegó a una profundidad de 40 metros. Debido a la falta de fondos, la compañía no había podido comprar la bomba extractora de 4.000 litros por minuto. Dentro del pozo, el nivel del agua se encontraba a una profundidad de nueve metros. Un buceador descendió hasta el fondo del pozo para informar de las condiciones del encofrado, pero el informe fue desalentador. El encofrado se encontraba en un estado lamentable. Estaba torcido y muy mal alineado. El fondo estaba cubierto de un caos de tablones y maderas que «apuntaban en todas direcciones»[14].

Símbolos masónicos. Obsérvese el esqueleto y las tibias cruzadas en primer plano.

Bowdoin se vio obligado a recurrir a métodos de perforación convencionales. Se realizaron más de dos docenas de perforaciones hasta una profundidad de 51 metros sin hallar ni rastro del tesoro. Para entonces, Bowdoin ya había agotado todos los fondos y la operación se dio por finalizada en noviembre.

Es probable que Roosevelt se uniese a la expedición más por el interés y por la aventura que suponía la búsqueda del tesoro que por las expectativas de beneficio económico. Durante un período de treinta años siguió manteniendo el contacto con sus amigos buscadores de 1909. Entre sus documentos personales se cuentan numerosas cartas sobre el asunto de la isla Oak nada menos que hasta 1939, durante su segundo mandato como presidente de Estados Unidos.

Que un hombre de la inteligencia de Roosevelt conservase el interés por el enigma de la isla Oak durante gran parte de su vida resulta una curiosa loa al atractivo de la isla y sus misterios. ¿Acaso sabía Roosevelt algo sobre los Sinclair y la desaparición del tesoro de los templarios? Durante su mandato, su vicepresidente Henry A. Wallace introdujo el símbolo masónico-templario de la Gran Pirámide con el ojo de Horus en la cúspide como Gran Sello de Estados Unidos.

No se cambia el curso de la Historia poniendo los retratos de cara a la pared.
JAWAHARLAL NEHRU

La habilidad de nuestra clase dirigente reside en el hecho de haber conseguido que la mayoría no se cuestione jamás la injusticia de un sistema en el que casi todos trabajan como esclavos y pagan impuestos desorbitados por los que no consiguen nada a cambio.
GORE VIDAL

CAPÍTULO 7 ¿FUE CRISTÓBAL COLÓN UN PIRATA TEMPLARIO CLANDESTINO?

¿FUE CRISTÓBAL COLÓN en realidad un agente templario? ¿Se había dedicado a la piratería antes de trabajar para la Corona española? ¿Usurpó la identidad de un comerciante de lana italiano para ocultar la suya? ¿Es posible que nos estemos refiriendo a un capitán judío y pelirrojo que había viajado previamente a Islandia? ¿Podría haber miembros de su tripulación portuguesa que ya hubiesen cruzado el Atlántico? ¿Es posible que Colón supiese a la perfección que cruzando el Atlántico llegaría al Nuevo Mundo en lugar de intentar encontrar una nueva ruta hacia China, propósito de su viaje de cara a la Corona española?

Para cualquiera que haya estudiado en el colegio los logros de Colón, la respuesta a todas las preguntas anteriores sería claramente negativa. Pero quizá el auténtico Cristóbal Colón fuese una persona completamente distinta a aquel al que estudiamos en el colegio.

Colón fue una persona fascinante, y cuanto más sabe uno sobre este hombre increíble, más fascinante se vuelve. El hombre que surcó el océano en 1492 era un místico, un aventurero, un idealista utópico y un hombre de gran valor e intuición.

La misteriosa identidad de Colón

A PESAR DE LA DESCRIPCIÓN que de él nos hicieran en el colegio, hay multitud de indicios que apuntan a que Colón realmente no era italiano, sino un español que se hizo pasar por un joven mercader de lana italiano conocido por él que había muerto en alta mar. Da la casualidad de que el mercader de Génova se llamaba como él (si traducimos el nombre, claro está).

En opinión de Wilford «Andy» Anderson[70] y muchos otros investigadores colombinos, debemos rastrear dos vidas paralelas: la de Cristoforo Colombo, nacido en Génova, en la región italiana de Liguria, en la segunda mitad de 1451, hijo de Domenico y Susana Colombo, y la de Cristóbal Colón, nacido a mediados de 1460 en el gueto judío de Génova, en la española isla de Mallorca, hijo del Príncipe Carlos IV de Viana y Margarita Colón. El pueblo de Génova ha pasado a formar parte de la ciudad de Palma, capital de la isla.

En contra de lo que nos contaron en el colegio, los detalles de la vida de Colón no están bien documentados, y nos han llegado muy pocos datos históricos. Podríamos decir que hoy en día la autoridad colombina más destacada es el libro de Samuel Eliot Morison, *El almirante de la mar océano*[71]. Morison fue ganador del premio Pulitzer, del premio del Book-of-the-month Club, almirante en la armada estadounidense y catedrático de Harvard. El de Morison es el retrato tradicional de Colón como hijo de un tejedor italiano que creía que el mundo era redondo, convenció a la reina de España para que financiase una expedición y descubrió América después de miles de años de aislamiento –justo lo que nos enseñaron en el colegio.

Por impecables que sean las credenciales de Morison, Anderson señala que su estudio no gozó de gran reputación entre sus coetáneos. «Sus críticos, más eruditos, se burlaron de él, como se puede comprobar en el *National Review* del 11 de abril de 1975: "*The european discovery of America,* como tantos otros libros de Morison, es una obra fallida (...) estropeada por una tendencia a las conclusiones erróneas, los prejuicios pedagógicos y las malas traducciones.[70]» Pero Morison no es el único autor con una visión tradicional de Colón; de ahí la profundidad del debate sobre su vida.

Cristóbal Colón.

Muchos de los detalles de la vida de Colón no cuadran, empezando por el lugar y la fecha de nacimiento del navegante.

Samuel Eliot Morison sostiene que «no hay duda alguna sobre el nacimiento, la familia y la raza de Cristóbal Colón. Nació en la antigua ciudad de Génova entre el 25 de agosto y finales de octubre de 1451»[71].

No obstante, Simon Wiesenthal —el famoso investigador que ha conseguido que cientos de criminales nazis de la II Guerra Mundial reciban su merecido— opina, al igual que otros autores, que el origen del Colón tan famoso para la Historia de América lo encontramos en España. En su libro *Operación Nuevo Mundo: la misión secreta de Cristóbal Colón,* afirma: «Es una de las figuras más controvertidas y enigmáticas de la Historia. Tanto su nacimiento como su personalidad, carrera y logros están envueltos en misterio.»[72]

Según la *Universal Jewish Encyclopedia,* «Su lugar y fecha de nacimiento, que suelen situarse en Génova, en 1446 ó 1451, son tema de debate (...) La mayoría de los historiadores se han visto obligados en gran medida (...) a reconstruir un período tan oscuro de la vida de Colón basándose en documentos genoveses referidos a la familia Colombo, dando por hecho que se trata de la misma familia del almirante español.»[74]

Sin embargo, podría tratarse de una mala suposición. Una de las contradicciones que saltan a la vista en la vida de Colón es que participó en el bombardeo de Génova, supuestamente su ciudad natal, en 1476. Añade Morison: «Hay tantas razones para poner en duda que Cristóbal Colón fuese un cristiano genovés, de fe inquebrantable y orgulloso de su ciudad natal, como para dudar que George Washington fuese un anglicano de raza inglesa nacido en Virginia y orgulloso de ser americano.»[71]

En la *Encyclopedia Britannica* encontramos: «El hecho de que en la batalla (13 de agosto de 1476) luchase en el bando de los portugueses y contra Génova no demuestra que fuese un patriota genovés (...) una explicación (...) es que Colón procediese de una familia sefardí instalada en Génova.»[73]

Anderson señala que la familia del Colón italiano era bastante pobre, mientras que Morison asegura que «Domenico Colombo no era un oficial de tejedor que dependiese de un sueldo, sino un maestro propietario de uno o más telares.»[71] A lo cual añade Wiesenthal: «Se cree que su padre, Domenico Colombo, había sido centinela de una torre en Génova, y más tarde tejedor en Savona. La familia salía adelante gracias a trabajos manuales.»[72]

El Colón italiano no era demasiado culto. En opinión de Morison, «una cosa es segura, tenía muy pocos estudios, si es que tenía alguno.»[71] Por el contrario, Wiesenthal sostiene que «[Colón] dominaba a la perfección el latín y el español (...) estaba versado en historia, geografía, geometría, religión y textos religiosos (...) los modales del Colón adulto demuestran que no es cierto que sus orígenes fuesen humildes y que no hubiese recibido más que una educación elemental.»[72]

Hay muchos más puntos de debate, pero a pesar de las dogmáticas afirmaciones de Morison, las contradicciones apuntan a la evidencia de que debía de tratarse de dos personas distintas. Para refrendarlo, acudimos a dos publicaciones poco conocidas del hermano Nectario María, de la embajada de Venezuela en Madrid: *Juan Colón the Spaniard,* publicada por la editorial Chedney Press de Nueva York en 1971, y *Cristóbal Colón el descubridor de América era español y judío, de Mallorca, y Cristoforo Colombo, italiano de Liguria,* de publicación autofinanciada en Madrid en 1978.

Nectario asegura que Colón era el hijo ilegítimo del príncipe Carlos de Viana y de Margarita Colón, perteneciente a una importante familia judía del gueto de Mallorca. El autor descubrió una carta del príncipe al gobernador de Mallorca, con fecha del 28 de octubre de 1459, en la que describe su encuentro con Margarita, del que podría deducirse el nacimiento de Cristóbal en el verano de 1460.

Esta premisa aclara de manera lógica algunos «misterios» relativos a la educación de Colón y a su matrimonio, y es conciliadora con otros hechos reconocidos por todos:

1472-1473 –Colón forma parte de la tripulación del pirata René d'Anjou que opera en el Mediterráneo.[73] No era raro que un chico se escapase de casa a los doce años para hacerse a la mar, sobre todo si tenemos en cuenta que era huérfano de padre. El príncipe Carlos había muerto en 1461 en circunstancias sospechosas; algunos estudiosos creen que fue envenenado por orden de su madrastra.

1473-1474 –Colón viajó hasta la isla griega de Quíos. La *Encyclopedia Britannica* reconoce que «hay que creer a Colón cuando dice que comenzó a dirigir el rumbo con 14 años»[73] No es improbable que a un chico competente y con dos años de experiencia le dejasen llevar el timón de vez en cuando.

1476 —Se enfrentó junto a Casenove-Coulon (posiblemente algún pariente) a barcos genoveses. Cuando su barco se incendió, llegó a nado hasta el extremo más al suroeste de Portugal, cerca de la academia de navegación fundada por el infante Enrique el Navegante[73], a quien algunos historiadores atribuyen un viaje a América en torno al año 1395.[64]

1477 —Navega a Inglaterra, Irlanda e Islandia.[73]

1478 —Se casa en Portugal con Felipa Moniz de Perestrello, hija de Bartolomé Perestrello, marino al servicio de Enrique el Navegante y descubridor de las islas de Madeira y Porto Santo.

**Casa de Colón en Porto Santo, en el archipiélago de Madeira.
Aquí nació su hijo Diego en torno a 1480.**

1478-1483 —Colón y su esposa viven con el hermano de ella, Bartolomé Perestrello II, quien había heredado la capitanía de la isla de Porto Santo, en Madeira. Desde allí, Colón realizó varios viajes a la Costa de Oro africana.[73] Se hizo con los papeles de su suegro y con documentos de otro visitante de la isla, Alonso Sánchez de Huelva, de quien hablaremos más tarde. Colón adquirió gran parte de su habilidad en la navegación durante estos años, al tiempo que ampliaba él mismo su instrucción —la entrada más antigua en su voluminosa biblioteca data de 1481. Morison reconoce que «los movimientos exactos de Colón durante los ocho o nueve años que pasó al servicio de los portugueses no son nada claros».[71] Los datos sobre Colón son vagos, mientras que los de Colombo acaban de manera abrupta con su muerte en 1480.

1484 —Colón viajó a Portugal, donde el rey rechazó su petición, probablemente por la existencia de pruebas de un viaje a América en 1472 realizado por el marinero portugués João Vaz Cortereal (también conocido como Telles), quien contaba con un piloto escandinavo, Pothorst (Jan Skolp).[52] Muere la esposa de Colón, y él deja a su hijo Diego en el monasterio de La Rábida, cerca de Palos de la Frontera, en el sur de España, y vivirá los dos años siguientes en El Puerto de Santa María junto a Luis de la Cerda, conde de Medinaceli.[73]

1486 —Se entrevista con Fernando e Isabel gracias a la ayuda de Diego de Deza, obispo judío y catedrático de teología en Salamanca.[74] Durante esta época inicia una relación con Beatriz Enríquez, de la que nacerá su hijo Fernando el 15 de agosto de 1488.

1489 —Se le concede el privilegio de recibir alojamiento y comida a cargo del erario público.[73] Según Morison, los dos años siguientes se basan en «conjeturas». Quizá los pasase con Beatriz, o con su hijo Diego en La Rábida, o con el conde de Medinaceli.

1491 —Reaparece en Córdoba, donde los Reyes Católicos aceptan su petición, en gran medida gracias a los esfuerzos de Luis de Santángel, ministro de finanzas del rey.

Algunos de los datos relativos al italiano Colombo entran en conflicto con los que acabamos de enumerar de Colón; otros apuntan a la probabilidad de que ambos se encontrasen en Portugal o en Porto Santo —o en los dos lugares. De los «quince o veinte registros notariales y municipales» localizados por Morison relativos a Colombo ofrecemos unos cuantos:

31 de octubre de 1470 —En Génova hay constancia de una compra de vino por parte de Domenico Colombo y su hijo Cristoforo, «de 19 años de edad». Con Cristoforo, nacido en 1451, las fechas encajan. Colón, nacido en 1460, habría tenido sólo diez años.

20 de marzo de 1472 —Colombo atestigua la firma de un testamento en Savona.

26 de agosto de 1472 —Colombo compra lana en Savona. Ese mismo año, se cree que Colón se enroló en un barco pirata.

7 de agosto de 1473 —Colombo deja constancia de la venta de una casa en Génova. Colón zarpa con rumbo a las islas griegas.

1474 —Colombo arrienda unas tierras en Savona. El oficio consignado del arrendatario es «comprador de lana».[71]

En este punto Morison pierde el rastro de la familia durante varios años. Nectario, sin embargo, sí que halló constancia de varios viajes de Colombo a Portugal para comprar lana durante los años 1475-1478. Colón también se encontraba en Portugal en 1478. En 1479 Colombo fue a Madeira a comprar azúcar, dato que sí recoge Morison. En el archipiélago de Madeira, cercano a Portugal, se encuentra la isla de Porto Santo, donde Colón vivía por aquel entonces. Es más que probable que Colombo se presentase a Bartolomé Perestrello, gobernador de la isla y cuñado de Colón. Nectario señala que Manuel López Flores documenta la muerte de Colombo en alta mar el año siguiente, 1480 —que sepamos, no hay pruebas de que Colón empujase a Colombo por la borda.

Aparte de la evidente dificultad que representa la constancia de la muerte de Colombo, el resto de testimonios que lo presentan comprando lana y azúcar con casi treinta años nos hacen preguntarnos cuándo y dónde pudo haber aprendido las técnicas de navegación de las que hacía gala Colón. Si aceptamos que el histórico Colón era el de origen judío y español obtendremos respuestas lógicas a los dos grandes misterios que llevan siglos intrigando a los estudiosos:

(1) ¿Cómo consiguió casarse con la hija de una familia tan prominente? A un modesto tejedor y mercader de lana italiano le habría resultado difícil, pero no al hijo de un príncipe español, fuese o no ilegítimo.

(2) ¿De dónde obtuvo fondos para su amplia educación, en aquella época sólo al alcance de la gente adinerada que contrataba profesores particulares? Parte de dichos fondos podrían haber procedido de la adinerada familia de sus suegros, y el resto, de las arcas del reino —como ya hemos señalado, hay constancia de su manutención a cargo del erario público desde 1489.

Ruinas de la casa en la que supuestamente vivió Colón durante una temporada en Funchal, Madeira.

La prueba definitiva

Una vez arraigada, resulta extremadamente difícil cambiar una idea, ya que ciertos grupos desarrollan intereses por mantener el statu quo. En este caso, italianos y católicos han acaparado la atención durante años, cada octubre, con la celebración del histórico viaje de Colón a través del Atlántico. También ha habido innumerables historiadores que han aceptado y divulgado el mito. A estos grupos les importa poco que los hechos no cuadren; sin embargo, la teoría del origen judeo-español de Colón se ve refrendada por ciertos hechos de sobra conocidos. Siempre escribía en español, y en varias cartas se refiere a dicho idioma como su «lengua materna». Hablaba español con fluidez, y al parecer sin acento extranjero; sin embargo, parece ser que no hablaba italiano. Consiguió reunirse con varios judíos prominentes y obtener de ellos una ayuda vital: Diego de Deza, que concertó una entrevista con los Reyes Católicos; Abraham Senior e Isaac Abravanel, personas de influencia considerable en la Corte; Gabriel Sánchez, tesorero del rey; Juan Cabrero, chambelán real; y Luis de Santángel, ministro de finanzas del rey, como ya hemos apuntado.

Es probable que entre una tercera y una cuarta parte de los miembros de la tripulación de Colón fuesen judíos, incluidos algunos de los más destacados, como Bernal, el médico de a bordo, y Marco, el cirujano. Abraham Zacuto le facilitó tablas astronómicas que salvaron las vidas de Colón y de su tripulación en su cuarto viaje. Mediante el uso de dichas tablas pudo predecir el eclipse lunar del 29 de febrero de 1504, hecho que asombró a sus captores indios hasta el punto de liberar a Colón y a sus hombres sanos y salvos. En el primer viaje iba a bordo Luis de Torres, intérprete de hebreo y probablemente el primer hombre en desembarcar, además de ser quien informó del uso del tabaco por parte de los indios. Una de las ausencias más destacables de la lista es la de un sacerdote católico.[72]

Según la *Universal Jewish Encyclopedia,* «la deuda de Colón con científicos, banqueros y estadistas judíos constituye un capítulo destacable en su carrera. Dichas relaciones cobraban aún más importancia dado el papel tan importante que la riqueza judía, confiscada por la Corona, jugó a la hora de financiar las distintas expediciones de Colón. Dicha riqueza procedía de los «marranos» o víctimas de la Inquisición, y de la población judía , expulsada en masa de España en 1492...»[74]

Colón firmaba con la forma española de su nombre, y en su testamento insistió en que sus descendientes no modificasen la firma. A menudo empleaba la forma críptica:

S

SAS

XMY

Xpo ferens

En *Who was Colombus?,* Maurice Davin lo interpreta como un mensaje en hebreo: «Señor, lleno de compasión, perdona nuestra maldad y nuestros pecados». En las cartas que se conservan dirigidas a su hijo Diego, en la esquina superior izquierda suele escribir las letras hebreas *beth he,* que significan «be'ezrath hashem» (con la ayuda de Dios), expresión que los judíos más devotos siguen empleando en la actualidad.[70]

La clave críptica (¿templaria?) que Colón utilizaba con su firma.

Colón también llenaba los márgenes de sus muchos libros con notas en español. Bautizaba con nombres españoles a las islas que descubría, como San Salvador, Punta Lanzada y Punta de la Galera; no hay constancia de que bautizase a ninguna isla con nombres italianos. Sabemos que fue un cartógrafo consumado, arte en el que destacaban principalmente los judíos y cuya actividad se concentraba en Mallorca. Por si fuera poco, la isla era un foco importante de piratas en el Mediterráneo. Quizá eso explique que el joven Colón se enrolase con doce años en un barco pirata.

Pedro Mártir de Anglería escribió la primera biografía de Colón, y a él se le atribuye haber acuñado el término «Nuevo Mundo». Nacido en 1457 junto al lago Maggiore, en el noroeste de Italia, a unos 150 kilómetros al norte de Génova, entrevistó a Colón exhaustivamente a su regreso del primer viaje. Es probable que adivinase enseguida que Colón no era nativo del norte de Italia, pero que se mostrase reticente a privar de los honores a su supuesto paisano haciendo pública dicha información. Sin embargo, sí que se lo reveló en una carta a un amigo íntimo, el conde Giovanni de Borromeo, quien en 1494 lo puso por escrito en una nota encontrada en la solapa de un libro comprado hace unos años a un vendedor ambulante de Milán. Parece ser que en la biblioteca de la Universidad de Barcelona hay depositada una copia, mientras que el original lo conserva la familia del conde. Entre otras cosas, en la carta leemos lo siguiente:

> Yo, Giovanni de Borromeo, al habérseme prohibido revelar la verdad comunicada en secreto por el señor Pedro de Anglería, tesorero del Católico Rey de España, debo ocultar el hecho de que Cristóbal Colón era nativo de Mallorca y no de Liguria (...) se le recomendó que fingiese serlo por razones políticas y religiosas para así solicitar la ayuda de barcos del Rey de España. Después de todo, Colón es el equivalente de Colombo, y se sabe que en Génova vivió un tal Cristoforo Colombo Canajosa, hijo de Domingo y Susana Fontanarossa, a quien no hay que confundir con el navegante a las Indias Occidentales.[70]

La familia Borromeo ocupaba una posición destacada, y presumía —quizá no sea la palabra adecuada— de mantener relaciones con los Medici y los Borgia. Carlos Borromeo, probablemente nieto de Giovanni, fue canonizado. También existe la posibilidad de que la carta sea falsa. Hasta que sea sometida a los análisis científicos necesarios, encaja a la perfección en el rompecabezas que lleva siglos desconcertando a los historiadores.

Colón y un refugio transatlántico para los judíos españoles

SUPONIENDO QUE COLOMBO Y COLÓN fuesen dos personas distintas, ¿cómo pudo producirse una confusión de identidades de tal calibre? Es bastante probable que fuese Colón quien organizase tal confusión. Tras conocer al joven mercader de lana italiano en Portugal o en la isla de Porto Santo, Cristóbal Colón, el capitán judeo-español, decidió hacer uso de la identidad del italiano en su trato con la corte española. Recordemos que en 1492 en España acababa de finalizar la Reconquista, mediante la cual el país había sido liberado del dominio musulmán. Debido a la estrecha colaboración entre judíos y musulmanes en España —y en todo el norte de África—, los judíos sufrían persecución. Es más, todos los judíos fueron expulsados del país, y debían abandonarlo —precisamente el día que Colón zarpaba hacia el «Nuevo Mundo»— so pena de sufrir el peso de la ley.

No debió de ser una época fácil para Colón. Aun habiéndose servido de apoyos judíos para ganarse el favor y la financiación de la Corona, seguía sintiendo la necesidad de ocultar su condición de judío. Como señala la *Universal Jewish Encyclopedia,* muchos judíos fueron víctimas de la Inquisición, y muchos más fueron desposeídos de sus riquezas en la deportación masiva. Para los planes de Colón habría resultado desastroso que llegase a oídos de los monarcas españoles que había comenzado sus días en un gueto judío y que se había enrolado como pirata en la tripulación de un capitán francés. En opinión de Anderson, «La biografía de su hijo Fernando (..) se refería al encubrimiento con una curiosa incongruencia: "Habiéndole dado Dios todas las cualidades personales para tan gran empresa, quería mantener en el anonimato su país y su origen".»[70]

El hecho de que Colón fuese sefardí también nos ofrece una nueva interpretación de las razones que le llevaron a cruzar el Atlántico. Colón zarpó el 3 de agosto de 1492, el día mismo que cumplía el plazo para la expulsión de los judíos de España. Para anticiparse a dicha fecha límite, ordenó a su tripulación presentarse a bordo a las once de la noche del día 2, en contra de la costumbre que permitía a los marineros pasar junto a sus familias las horas

Sirviéndose de un huevo, Colón demuestra a los escépticos españoles que un hombre
puede hacer cualquier cosa si se lo propone. Grabado de Theodore de Bry.

previas a un largo viaje. Casualmente, la fecha de expulsión coincidió con el
aniversario de la segunda destrucción del Templo de Jerusalén. Se calcula que
unos 300.000 judíos fueron expulsados de España antes de la fecha límite del
3 de agosto de 1492.[72]

¿Buscaba Colón un nuevo hogar para los sefardíes exiliados, o tal vez un
reino judío perdido al otro lado del Atlántico? En *Operación Nuevo Mundo*,
Wiesenthal afirma directamente que el objetivo principal del viaje de Colón
era reasentar a los judíos en Asia (conocida entonces como «India»), refugio
de judíos durante cientos de años.[72]

En la obra en doce tomos *Life of Christopher Columbus* leemos que el hijo de
Colón dejó escrito de su padre lo siguiente: «Sus progenitores eran de la estir-

pe real de Jerusalén.» (Vol. 12, p. 2). Dicha afirmación le hace a uno pensar que Colón estaba interesado en la historia antigua del pueblo judío. Los templarios debían su nombre al Templo de Salomón, y una historia que se repite a propósito del rey Salomón es la de sus muchos viajes a la tierra de Ofir en busca de oro para pagar la construcción de su famoso templo.

En el Capítulo 1 ya contemplamos la posibilidad de que la tierra de Ofir estuviese situada al este de Tierra Santa, pero a lo largo de los siglos se ha especulado mucho con su ubicación real. Se ha situado tanto en Norteamérica como en Sudamérica, desde Nuevo México a la desembocadura del Amazonas. Siendo judío y navegante, no sería de extrañar que Colón se hubiese planteado la cuestión. Quizá conociese las historias que hablaban de judíos que partieron de Roma en busca de refugio en el año 734 «... hacia Calalus, una tierra desconocida».[79]

Es probable que también hubiese oído hablar de la leyenda de las Siete Ciudades de Oro situadas más allá del Atlántico. Dicha leyenda se remonta a la España del siglo VIII, cuando en el año 711, comandadas por el general Tariq, las fuerzas musulmanas invadieron el reino visigodo que siglos atrás había dominado la zona occidental del Bajo Imperio Romano pero que, desde su derrota por los francos de Clovis en el año 507, se había visto reducido a un débil vestigio de su gloria pasada. Las tropas del rey Rodrigo intentaron hacer frente a la invasión, pero el monarca murió y su ejército fue vencido en la batalla de Guadalete. Las décadas siguientes fueron horribles: las tropas musulmanas invadieron la península Ibérica hasta llegar a los Pirineos. Los cristianos intentaron huir en todas direcciones, a menudo por mar. Hay motivos para pensar que algunos refugiados españoles huyeron por mar a las islas Canarias, Madeira e incluso al Caribe y Florida.

Allí nació la leyenda, que persistió durante toda la Edad Media, de que siete obispos portugueses habían conseguido huir por mar, junto a un gran número de miembros de sus diócesis, y habían llegado a una isla en algún lugar del Atlántico donde habían fundado siete ciudades. Según la leyenda, los habitantes de aquellas siete ciudades volverían algún día para ayudar a sus compatriotas a derrotar a los moros.[76, 80]

La leyenda de la isla de las Siete Ciudades siguió viva en España, y al parecer se hizo famosa en todo el mundo. En el siglo XII, el geógrafo árabe Idrisi nombra la isla atlántica de Sahelia, donde había siete ciudades hasta que sus habitantes se mataron entre sí en una serie de guerras civiles.[80]

A finales del siglo XIV comenzaron a aventurarse posibles ubicaciones de las Siete Ciudades, que ciertos mapas españoles e italianos situaban en islas «imaginarias» del Atlántico Norte. En ocasiones, las Siete Ciudades aparecían representadas en Brasil, pero más común era su ubicación en Antilla, una gran isla situada en los mapas frente a España y Portugal. Según el historiador experto en cartografía Raymond Ramsay, parece ser que un mapa francés de 1546 fue el primero en situar la isla de las *Sete Cidades* en el Atlántico, donde siguió figurando en los mapas durante siglos.[80]

Es probable que la leyenda de las ciudades estimulase un gran número de exploraciones atlánticas, y durante las décadas de 1430 y 1440 circularon rumores sobre un par de expediciones desviadas de su curso por el viento en el Atlántico que habían arribado a la isla de las Siete Ciudades, cuyos habitantes, que aún hablaban portugués, les habían preguntado si los moros seguían controlando su tierra. En cualquier caso, el rumor sostenía que la expedición había regresado con arena de las playas de la isla, rica en oro.[76,80]

Hay constancia de que un flamenco de nombre Ferdinand Dulmo solicitó en 1486 la autorización de Juan II, rey de Portugal, para tomar posesión de las Siete Ciudades, pero no consta que se hiciese nada al respecto.[76, 80]

¿Existía en el Caribe una isla que habría servido de refugio a los cristianos huidos? De ser así, ¿de qué isla se trataba? La palabra Antillas, derivada del latín, significa «isla de enfrente». Ramsay cree que dicha palabra se utilizó por primera vez en el mapa de los hermanos Pizigani de 1367, donde una isla denominada «Atilae» aparecía en el lugar que ocupan las Azores, a la sazón aún por descubrir. La palabra reaparece como «Attiaela» en un mapa catalán anónimo en torno a 1425 y más adelante en el mapa de Battista Beccario de 1435, a partir del cual pasa a denominarse Antilia o Antilla.[80]

Parece ser que los geógrafos europeos daban por sentado que en el otro extremo del Atlántico existía una gran isla. El globo terráqueo de Martin

Behaim de 1492 mostraba Antilla con una nota que decía que en 1414 un barco español se había «acercado a ella sin peligro alguno», lo cual da a entender que la isla era conocida, y que se la tenía por un peligro para la navegación desde antes aún. También encontramos referencias a una expedición portuguesa que en la década de 1440 podría haber llegado a Antilla, pero es probable que se trate de la misma que supuestamente había visitado las Siete Ciudades.[76, 80]

Estando en Lisboa alrededor del año 1480, Colón escribió una carta a Alfonso V en la que nombraba «la isla de Antilla, que vos ya conocéis».[80] Colón también recibió una carta del geógrafo y físico italiano Paolo Toscanelli, fechada en 1474, donde le recomendaba hacer escala en Antilla para aprovisionarse en su viaje a las islas Occidentales.

La llegada de Colón a las islas de Cuba y La Española parecía encajar con la descripción de la legendaria llegada a Antilla. ¿Había navegado con la intención de llegar a aquellas islas precisamente?

Pedro Mártir, su amigo y primer biógrafo, declaró en 1511 que Colón creía haber encontrado la tierra de Ofir, «pero teniendo en cuenta las descripciones de los cosmógrafos, parece ser que éstas y el resto de islas colindantes son la isla de Antilla».[63, 76, 80] Tras haber descubierto minas de oro abandonadas en la isla de Haití (La Española), Colón escribió que había tomado posesión en nombre de los Reyes Católicos del «monte Soporo (monte Ofir), donde los barcos del rey Salomón habían tardado tres años en llegar». Vemos, pues, que Colón no tenía problema alguno en pensar que las minas de oro de Haití habían sido explotadas por antiguos navegantes judíos y fenicios unos mil años antes de Cristo.

En su excelente libro sobre lugares olvidados y mapas antiguos *No longer on the map*[80], el historiador Raymond H. Ramsay señala que Bartolomé, hermano de Colón, confirma la identificación de La Española con la tierra de Ofir, de donde los barcos del rey Salomón habían llevado oro para la construcción del templo en Jerusalén. Ramsay bromea diciendo que dicha creencia resulta de especial interés para todos los estudiantes de Historia de América, pues la conjetura del propio Colón es la primera teoría «poscolombina» de un descubrimiento precolombino de América.

Comienza a resultar evidente que Colón tenía conocimiento previo de la existencia de tierra al otro lado del océano antes de zarpar para cruzarlo. La pregunta que debemos hacernos es de qué conocimientos disponía y dónde los había adquirido.

La asombrosa Sala de Mapas

NUMEROSOS AUTORES COINCIDEN EN SEÑALAR QUE COLÓN era una verdadera eminencia en cuanto a conocimientos sobre navegación. Según Charles Berlitz, «[Era] un atento estudiante de travesías atlánticas anteriores; en cierta ocasión contó la historia de dos muertos, oscuros de piel y probablemente chinos, que habían sido hallados flotando en una embarcación alargada y estrecha junto a la costa occidental de Irlanda, cerca de Galway».[81]

Anderson añade: «Eso de su "valentía al aventurarse en el ignoto mar" es ridículo. En su famoso viaje a Islandia en 1477 tuvo que oír historias sobre los viajes de los vikingos siglos atrás (...) Tuvo acceso a multitud de mapas —algo documentado en detalle por Enterline en *Viking America*. El noruego Prytz (*Lykkelige Vinland*) demuestra que su «Mapa del Almirante» se basaba con toda seguridad en el célebre mapa de 1424 dibujado en Venecia y que ahora se expone en la biblioteca de la Universidad de Minnesota. Nació y se crió en Mallorca, centro de operaciones de contrabandistas, piratas y cartógrafos, incluido su propio hermano Bartolomé.»[70]

Anderson se carteó con Kare Prytz, periodista noruego cuya investigación en España, Portugal e Italia a comienzos de los 70 reveló la existencia de numerosos documentos originales que demostraban que los europeos estaban al corriente de las antiguas expediciones vikingas. En una carta fechada el 17 de agosto de 1974, Prytz comentaba:

Mi conclusión sobre el redescubrimiento de América es la siguiente: los viajes a Vinland se convirtieron en algo conocido en 1070 gracias a Adam de Bremen, y los siglos siguientes toda Europa sabría de aquellos viajes. Se dibujaron unos cuantos mapas con las Bahamas, Cuba, Haití, Puerto Rico, etc. (...) pero los cartógrafos no conocían las latitudes correctas, así que las situaron al oeste de Irlanda. El nombre «Vinland» aparecía escrito como «Binini» o «isla Bini», y era conocido mucho antes de Colón. Mientras tanto, éste se hizo con mapas antiguos (sobre todo uno realizado por Andrea Bianco en 1436) y viajó a Islandia en 1477 en busca de instrucciones más precisas. Allí le proporcionaron la latitud y longitud de América, y numerosos topónimos de las tierras situadas entre los cayos de Florida y Boston.

Colón sabía exactamente dónde debía buscar las islas, y puso rumbo directo a ellas. Dio orden a los capitanes de navegar 2.800 millas hacia el oeste, donde encontrarían islas y un continente. Después de recorrer esas 2.800 millas no debían navegar de noche, pues estarían aproximándose a Vinland.[70]

Grabado alegórico de Theodore de Bry La visión de Colón.

Recordemos que el famoso mapa de Piri Reis consigna en su leyenda que había sido dibujado tomando como modelo otros mapas, incluidos los utilizados por Colón. Este mapa da constancia de que el Atlántico había sido cruzado mucho antes de la Edad Media. Fechado en 1513, el mapa de Piri Reis nos muestra la totalidad de la costa oriental de Norteamérica y Suramérica, más una buena porción de la Antártida sólo unos años después de haber realizado Colón su primer viaje al Nuevo Mundo.

En un manual para navegantes llamado *Kitab i Bahriye,* el almirante turco Piri Reis exponía que Colón había sido inspirado por un libro que contenía información sobre aquellas tierras, que se suponían ricas en toda clase de minerales y piedras preciosas. «Con el libro en la mano, Colón intentó convencer a portugueses y genoveses de que valía la pena realizar una expedición. Al rechazar éstos sus ideas, recurrió al *bey* español. También allí rechazaron su primera petición, pero más tarde aceptaron después de mucha insistencia.»[77]

¿Cuál era el libro del que disponía Colón? Piri Reis sostiene que se trataba del *Imago Mundi,* del cardenal francés Pierre d'Ailly (también conocido como Aliaco, o Petrus Aliacus), filósofo, astrólogo y cosmógrafo de la Universidad de París que desarrolló la teoría de que había tierra más allá del Atlántico, basándose en su creencia de que el mundo era redondo.[77]

Con el *Imago Mundi* y varios mapas del Atlántico en la mano, Colón logró convencer a los dirigentes españoles de la utilidad de una expedición a la «India». Pero sorprende descubrir que aquellas herramientas no fueron sus recursos más valiosos: está comprobado que viajó con alguien que había cruzado el Atlántico previamente.

Nectario halló una carta dirigida a los monarcas españoles indicándoles que un tal Alonso Sánchez de Huelva había abandonado el puerto de Huelva, su ciudad natal, el 15 de mayo de 1481 en el barco *Atlante* con una tripulación de dieciséis hombres. El barco había llegado a la isla de Santo Domingo (llamada «Quisqueya» por sus habitantes) y en el viaje de regreso se había detenido en Porto Santo, en el archipiélago de Madeira, donde su capitán vivió durante un tiempo. Tras su repentina muerte, los papeles del barco pasaron a manos de Cristóbal Colón, quien ayudaba a su cuñado —gobernador de la isla—

a llevar su negocio. Cuesta creer que un documento tan sensacional sea auténtico y se haya mantenido en secreto durante 500 años. Sin embargo, después de un examen atento, la historia de Sánchez de Huelva se ha visto confirmada, y se suele aceptar que su barco fue desviado de su rumbo y que cruzó el océano más de diez años antes que Colón.

Sin embargo, el aspecto más asombroso de la carta es que Sánchez de Huelva identifica al primer oficial de a bordo como Martín Alonso Pinzón, un rico armador de Palos responsable de la adquisición por parte de Colón de la *Niña* y la *Pinta,* y de haber contratado a la tripulación para la expedición. García Fernández, despensero de la *Pinta,* declaraba que «Martín Alonso (...) sabía que, de no haberle facilitado él los barcos al Almirante, éste no estaría donde estaba, ni habría conseguido contratar a una tripulación, pues nadie conocía a dicho Almirante, y gracias a Martín Alonso y a sus barcos dicho Almirante pudo realizar su viaje».[70] Algunos historiadores sostienen que Pinzón fue el auténtico guía de la expedición al Nuevo Mundo, y que Colón fue simplemente la «cabeza visible», ya que era él quien contaba con el favor de los monarcas españoles. Como capitán de la *Pinta,* Pinzón era el lugarteniente de Colón.

La carta del despensero resulta conciliadora con los hechos demostrados. Los descendientes de Pinzón intentaron durante medio siglo obtener algunos de los honores y riquezas que habían ido a parar a Colón. Los procesos de los que hay constancia sacaron a la luz que Colón había tenido acceso a los archivos del Vaticano, que contenían pruebas de viajes vikingos durante un período de varios siglos y donde probablemente se hallaba el «Mapa de Vinland» original —en la Universidad de Yale se conserva una copia del siglo XX. También revelaron que en Roma le habían facilitado información a Pinzón relativa a tierras al oeste del Atlántico.[70]

En calidad de consejero del viaje, Pinzón pudo indicarle a Colón que modificase el rumbo el 6 de octubre.[71] ¿Qué mejor razón habría tenido el almirante para aceptar la exhortación de un subordinado (con quien mantenía una relación de rivalidad) que el hecho de que Pinzón ya hubiese estado allí antes?

La conexión templaria

LA CONCLUSIÓN DE QUE COLÓN era más de lo que inicialmente parecía encaja a la perfección en la extraña historia de la actividad marítima en Europa y el Mediterráneo posterior a la desaparición de la flota templaria. Su familiaridad con todos los ámbitos de poder de la época, además de algunos más remotos, le habrían hecho entrar en contacto con toda clase de gente. Su evidente ascendencia judía y su conocimiento del mundo transatlántico apuntan a su posible relación con los templarios y sus aliados en Portugal y España.

Cierren los ojos durante un momento y piensen en los dibujos de la *Niña*, la *Pinta* y la *Santa María* que ilustraban nuestros libros de Historia. ¿Recuerdan las velas cuadradas? ¿Recuerdan que eran blancas y que en el centro llevaban estampadas cruces rojas? Eran los barcos de los caballeros de Cristo portugueses, herederos de los templarios.

Michael Bradley señala que Colón tenía ojos azules, una tez pálida y el pelo de color claro. El aspecto, claro está, no tiene por qué significar nada, pero no son rasgos que identifiquemos con los de los sefardíes, llegados a la península Ibérica desde Palestina durante la Diáspora. Hay quien decía que el pelo de Colón, rubio en su juventud, tenía un tono rojizo en su madurez.[9]

Si el aspecto significa algo, la descripción de Colón invita a pensar en una herencia genética celta o nórdica, no del sur de Europa. Quizá procediese de la cultura provenzal de los celtas de los Pirineos, o de Bretaña y Anjou, donde las incursiones vikingas de los siglos VIII al XI habían dejado un legado genético nórdico. O de Sicilia, conquistada por el rey Roger (1130-1154) con sus numerosos vasallos y nobles nórdicos. O de Mallorca, donde se había instalado una aristocracia de rasgos nórdicos tras la invasión de la isla por parte de antepasados del rey Roger.

En la correspondencia mantenida con Bradley, el historiador inglés Michael Baigent, coautor de *El enigma sagrado*[1], manifestaba sentirse inclinado a pensar que Colón pudo haber nacido en Mallorca, donde junto al castillo templario de Palma hay un barrio en el que vivía un gran número de cartógrafos procedentes de todo el mundo conocido. ¿Seguía habiendo una influencia templaria en la zona?

Pasado un tiempo, las coincidencias entrecruzadas se convierten en proba-
bilidades, y los hechos son los que acaban ocupando el primer plano. Así pues,
si volvemos a formularnos las preguntas del principio del capítulo, es probable que ahora las respuestas sean positivas.

Llegada de Colón al Nuevo Mundo.

CAPÍTULO 8 PIRATAS, CORSARIOS Y LA GUERRA CONTRA EL VATICANO

LA CONCEPCIÓN QUE SE TIENE EN NUESTROS DÍAS de la piratería ha cambiado mucho desde los tiempos de las primeras contiendas navales entre el Vaticano y los supervivientes de los templarios. En nuestra época de guerras nacionales, la única distinción que se establece es entre independentistas y terroristas. La adscripción a una u otra categoría depende de a qué bando pertenezca uno y de si ese bando resulta o no vencedor.

En los tiempos de la guerra entre el Vaticano y la flota perdida de los templarios, las naves del Temple enarbolaban con orgullo sus banderas, tanto la *Jolly Roger* como el resto de emblemas masónicos. Los barcos templarios portugueses seguían izando la bandera de la Orden, barcos en los que navegaría Colón para la Corona española.

La línea de demarcación papal de 1493

EN CUANTO LAS PRIMERAS NOTICIAS del éxito del viaje de Colón llegaron a Europa, los monarcas españoles procedieron a asegurar la nueva ruta comercial. Portugal llevaba desarrollando el comercio marítimo con los territorios descubiertos en el curso de sus viajes desde tiempos de Enrique el Navegante. A lo largo del siglo XV las expediciones portuguesas habían dejado atrás las costas africanas para internarse en el océano Atlántico. Los intereses de España y Portugal se encontraban ahora enfrentados.

Izquierda: La típica *Jolly Roger*. Derecha: Bandera de Barthomew Roberts.

Al tratarse de dos países católicos, se instó al Papa a que mediase en el conflicto territorial tal como había sucedido en anteriores ocasiones. En aquella época el Papa era Alejandro VI, cuyo verdadero nombre era Rodrigo de Borja (Borgia). Pertenecía a una destacada familia procedente de Valencia (España) y era sobrino del papa Calixto III. Rodrigo tuvo varios hijos ilegítimos con su amante, Vanozza Cattanei. Desde el momento de su proclamación, su hijo, César Borgia, se ocupó de la administración de sus intereses. El grado de corrupción y de intrigas políticas que se produjeron durante su mandato llegó a límites insospechados hasta el momento. La lasitud moral y el descuido con respecto a la doctrina eclesial se convirtieron en moneda de cambio. Se dice que César sirvió de modelo a Maquiavelo para escribir *El Príncipe*. La hermana de César, Lucrecia Borgia, también acabaría convirtiéndose en una figura marcada por la controversia.[99]

Para mediar en la disputa entre España y Portugal, Alejandro VI dictó una bula papal que repartía el mundo entre los dos países. El Papa mantenía que eso favorecería la causa de Cristo. La bula, entre otras cosas, decía:

> Entre las obras agradables a la divina Majestad y deseables para nuestro corazón existe ciertamente aquella importantísima, a saber, que, principalmente en nuestro tiempo, la fe católica y la religión cristiana sean exaltadas y que se amplíen y extiendan por doquier y que se procure la salvación de las almas y que las naciones bárbaras sean vencidas y reducidas a dicha fe (...)
>
> Nos hemos enterado en efecto que desde hace algún tiempo os habíais propuesto buscar y encontrar unas tierras e islas remotas y desconocidas y hasta ahora no descubiertas por otros, a fin de reducir a sus pobladores a la aceptación de nuestro Redentor y a la profesión de la fe católica...[100]

Puesto que hay indicios que apuntan a que la expedición española ni siquiera incluía a un sacerdote católico, es evidente que lo que motivaba a los dos países era el descubrimiento de nuevas tierras y el expolio de sus riquezas. Es probable que se llegara a un pacto tácito, ya que el Papa conocía perfectamente las ventajas que el acuerdo podía reportarle. Como era de esperar, la decisión del Papa favoreció ligeramente a España. Una línea imaginaria que uniera los dos polos sería trazada cien leguas al oeste de las islas Azores. Todo lo que quedaba al este de esa línea pertenecía a Portugal; lo que quedaba al oeste, a España (véase el mapa en la sección de ilustraciones). Esta decisión fue recurrida por Portugal, y la línea se desplazó más hacia el oeste, lo cual, «casualmente», produjo que la parte más oriental de Brasil cayese del lado de Portugal, autorizando así que la colonización de ese territorio quedara en manos de los portugueses.

Obviamente, la bula papal era políticamente incorrecta con respecto a los derechos de los pueblos indígenas sobre su propia soberanía y sus prácticas religiosas. Por otra parte, también excluía al resto de potencias marítimas europeas. Inglaterra, Francia y los Países Bajos hicieron caso omiso de la bula. Sea como fuere, el edicto sirvió para que estos países se diesen cuenta de que España y Portugal les llevaban ventaja en la carrera por dejar atrás la Edad Media. La Era de los Descubrimientos —y de la colonización y acumulación de riqueza extranjera— había comenzado.

El origen de los corsarios

EN SU EDICIÓN DE 1997, la Grolier Encyclopedia define «corso» como «campaña que, en tiempos de guerra, hacían los buques mercantes con patente de su gobierno para perseguir a las embarcaciones enemigas». Aparte de los beneficios que obtenían en estas campañas, los corsarios recibían unos documentos oficiales mediante los cuales se les otorgaba patente de corso y se restringían sus ataques a los navíos de las naciones que estuviesen en guerra con el país que les había concedido las credenciales. La principal diferencia entre los corsarios y los piratas eran dichas licencias y restricciones. Aunque hay noticia de la existencia de corsarios desde el siglo XIII hasta el XIX, su apogeo se produjo entre los siglos XVI y XVIII.[99]

El origen de los corsarios está en la guerra secreta de los templarios contra el Vaticano y los aliados del Papa. Esa es la razón por la que la mayoría de los barcos corsarios eran de origen inglés, escocés o americano. Algunos eran holandeses o franceses, habitualmente masones. Los corsarios atacaban casi exclusivamente a barcos españoles y franceses, y también a barcos musulmanes que surcaban el Mediterráneo o el océano Índico.

Durante los dos siglos siguientes, la confusa interacción entre política y religión que tendría lugar en Europa y en el Nuevo Mundo iba a dar como resultado un inestable sistema de alianzas y animadversiones. Una vez las familias templarias francesas hubieron abandonado Francia y se marcharon a Inglaterra y Escocia, Francia regresó al seguro redil del Vaticano.

Izquierda: Bandera de Barbanegra. Derecha: Bandera de los filibusteros franceses.

Hacía mucho tiempo que la familia merovingia de la «Santa Sangre» había abandonado el poder. En los siglos XVI y XVII, Francia estaba constantemente en guerra con Inglaterra. Esto provocó que los barcos franceses, así como los españoles (y algunos portugueses) se convirtieran en objetivo habitual de los ataques de piratas y corsarios. No cabe duda de que algunos piratas eran franceses, y a mí me gusta pensar que algunos de aquellos piratas eran antiguos templarios masones que disfrutaban atacando los barcos y los puertos que el Vaticano poseía en el Nuevo Mundo.

Así pues, los corsarios se diferenciaban de los piratas en que poseían autorizaciones oficiales para zarpar y atacar a los barcos de países enemigos. Indisciplinados por naturaleza, los corsarios acababan a menudo practicando la piratería. Hacia el año 1500, algunos acuerdos internacionales pusieron límite a las infracciones, exigiendo que todas las incautaciones fuesen aprobadas por el almirantazgo y estableciendo así una diferenciación clara entre piratas y corsarios. Poco a poco, las operaciones de los corsarios fueron cuidadosamente reguladas, y en 1740 el corso era ya una actividad aceptada dentro de las posibles inversiones financieras. Cuando las armadas nacionales eran reducidas, los corsarios podían provocar importantes daños en el enemigo a un coste relativamente bajo para el gobierno que concedía las licencias.

Todas las naciones de Europa occidental, especialmente aquellas con una fuerza naval débil, utilizaron este método para socavar el comercio enemigo. Tras su inicio en Europa, esta práctica se extendió por todo el mundo, llegando a ser habitual en el Caribe y a lo largo de la costa norteamericana.

Después de que Magallanes y Drake hubiesen dado la vuelta al mundo y los galeones españoles comenzasen a surcar el océano Pacífico desde Acapulco a las Filipinas, la actividad de piratas y corsarios se extendió a la costa del Pacífico del Nuevo Mundo, al sureste asiático y al océano Índico. Madagascar se convirtió en paraíso de la piratería, pues se trataba de una isla de grandes dimensiones sin ninguna autoridad establecida, situada en la ruta marítima que conducía hacia Europa, a medio camino entre la India y el cabo de Buena Esperanza. Aún hoy el sureste asiático sigue siendo un hervidero de piratas —aunque nada tengan ya que ver con la flota templaria—, y pueden encontrarse piratas en activo en las costas del Pacífico de Ecuador, Colombia y Panamá.

Regreso a la Escocia templaria

Antes que nada, repasemos la historia de Escocia desde la llegada de los templarios en 1307 hasta la formación del Reino Unido. Las disputas entre los reyes de Escocia e Inglaterra eran frecuentes. Estos enfrentamientos conducían en ocasiones a la guerra y en última instancia al reconocimiento de vasallaje a los reyes ingleses.

En 1174, por ejemplo, Guillermo el León se vio obligado a reconocer vasallaje a Enrique II de Inglaterra, aunque más adelante consiguió la anulación de esa obligación. Tras las muertes de Alejandro III (1286) y de su heredera, Margarita, doncella de Noruega (1290), Eduardo I de Inglaterra reclamó el protectorado sobre Escocia y eligió entre varios pretendientes a Juan Balliol para que se convirtiese en rey de Escocia. Cuando Juan intentó hacer valer su independencia en 1296, Eduardo impuso la autoridad de Inglaterra.

Los escoceses, dirigidos primero por sir William Wallace y después por Roberto Bruce (coronado rey con el nombre de Roberto I en 1306) se rebelaron y derrotaron a los ingleses en la batalla de Bannockburn (1314), en la que como ya hemos visto también participaron los templarios. Escocia mantuvo su independencia respecto de Inglaterra.

Durante el largo reinado de David II (1329-1371) los ingleses recobraron parte del control sobre Escocia, si bien tuvieron que hacer frente al mismo tiempo a la Guerra de los Cien Años contra Francia, aliada de Escocia desde 1295. A David le sucedió su sobrino Roberto II, primer monarca de los Estuardo. Tanto él como sus sucesores, Roberto III, Jacobo I, Jacobo II, Jacobo III, Jacobo IV y Jacobo V debieron hacer frente a continuos conflictos internos y a las injerencias

Sir Francis Drake, cuyo apellido significa «dragón».

de Inglaterra, que a menudo acababan resolviéndose en el campo de batalla.

Tras la muerte en 1542 de Jacobo V, Escocia fue gobernada por su viuda, María de Guise, que ostentaría el cargo de reina regente hasta que su joven hija se convirtiese en María I, reina de los escoceses. Debido a la fuerte oposición política que suscitaba la regente francesa, la Reforma arraigó fuertemente en Escocia. La católica María I, que regresó a Escocia desde Francia en 1561, fue víctima de conflictos religiosos y políticos. En el año 1567, tras ser forzada a abdicar, huyó a Inglaterra, donde fue encarcelada y más tarde ejecutada por orden de Isabel I. Sin embargo, su hijo Jacobo VI de Escocia sucedió a Isabel en el trono de Inglaterra bajo el nombre de Jacobo I en 1603. A pesar de estar unidos bajo una misma corona, Escocia e Inglaterra siguieron siendo estados separados durante un siglo más.

Los presbiterianos escoceses se resistieron a las pretensiones del siguiente monarca, Carlos I, de imponer el episcopado en Escocia, y fue su rebelión lo que en última instancia resultó en la ejecución del rey en 1649 y en la guerra civil en Inglaterra. Habían pasado varios siglos desde la supresión de los templarios y habían aparecido nuevos países y alianzas. Muchos de los integrantes de la flota escocesa, heredera de la templaria, se convirtieron en corsarios masones de nacionalidad inglesa y holandesa que atacaron a los barcos españoles y franceses aliados del Vaticano. La tradición templaria se infiltró en Inglaterra y en las colonias de América del Norte bajo el manto de la masonería. Había dos grandes corrientes: la masonería del Rito Escocés y la del Rito de York.

Sir Dragón y la logia masónica de los corsarios

Un aspecto curioso de la historia sobre la flota perdida de los templarios es que muchos de los piratas y corsarios que iban a contribuir a la creación de Estados Unidos también eran masones. Aunque sea imposible demostrar que todos aquellos hombres eran masones (se trataba, al fin y al cabo, de una sociedad secreta), sabemos que un alto porcentaje sí que lo era.82

La guerra entre España e Inglaterra, en la que se vieron involucrados también otros países, condujo, en el siglo XVI, a un nueva ofensiva pirata. Los galeones que transportaban tesoros de América a España eran objetivos muy tentadores para los ladrones del mar. Los corsarios y piratas tenían diferentes nombres según el país de origen: los «Perros del Mar» ingleses, los «Mendigos del Mar» de los Países Bajos y los franceses «Lobos del Mar». Tanto piratas como corsarios interceptaron un número incalculable de barcos españoles, incluido, en 1521, uno que transportaba parte de las riquezas de la expedición mexicana de Hernán Cortés.

A finales del siglo XVI, algunos marinos experimentados —entre ellos, sir John Hawkins y sir Francis Drake— alentados por la posibilidad de conseguir grandes tesoros, decidieron atacar las colonias españolas en América. En el siglo XVII, los piratas contaban con numerosas bases en el Caribe, entre las que destacaban las de San Cristóbal, Jamaica e Isla Tortuga. En aquella época, los españoles dominaban el Caribe y el Nuevo Mundo, pero los corsarios, afines a la masonería y continuadores de la orden del Temple, iban a inclinar la balanza del lado de los ingleses y escoceses y de sus dirigentes templarios.

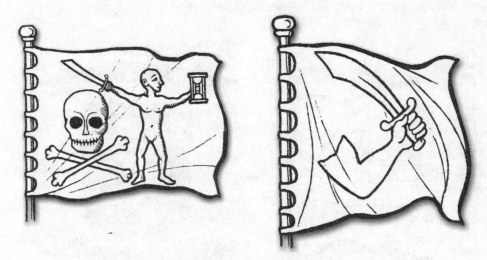

Izquierda: Bandera del barco pirata francés *Sanspitié*.
Derecha: Bandera del Capitán Thomas Thew.

Esta es la época de las grandes aventuras en alta mar, tan bien reflejada en películas como *Piratas,* de Roman Polanski, *La isla de las Cabezas Cortadas,* protagonizada por Geena Davis, o la más reciente producción de Disney, *Piratas del Caribe.* En esta misma época, sir Henry Morgan saquearía toda la cuenca del Caribe y se convertiría en gobernador de Jamaica (puesto desde el que intentaría controlar la piratería).

La fascinación que producía el mundo de los corsarios llegó a tal extremo que incluso algunas mujeres se vieron atraídas por la vida pirata. Anne Bonny y Mary Read participaron en muchas campañas e incluso llegaron a tener tripulaciones a sus órdenes.

El corsario masón más importante de todos los tiempos fue sir Francis Drake. Drake (cuyo apellido significa «dragón») fue el navegante más famoso de la era isabelina gracias a sus victorias contra los españoles y a haber dirigido una de las primeras expediciones en dar la vuelta al mundo. Drake nació en Devonshire en torno a 1541 en el seno de una familia humilde de firmes convicciones protestantes. Se embarcó siendo muy joven, gracias a la ayuda de los Hawkins, una familia de Plymouth. En 1556 participó en una expedición a las islas de Cabo Verde y a las Antillas que tenía como objeto la captura de esclavos.

Izquierda: Bandera de Stede Bonnet.
Derecha: Bandera de los *Marine Raiders* estadounidenses.

Al año siguiente se embarcó en una expedición dirigida por John Hawkins que fue atacada por los españoles en San Juan de Ulua (Veracruz, México); sólo los barcos capitaneados por Hawkins y Drake consiguieron escapar. Drake exploró la región de Panamá en 1570, a donde regresó al año siguiente para atacar varias ciudades costeras y hacerse con gran cantidad de oro y plata. Poco después tuvo que volver a Irlanda durante un tiempo.

El deterioro de las relaciones con España llevó a la reina Isabel I a apoyar una expedición que diese la vuelta al mundo, una proeza que sólo había sido conseguida por una expedición española a las órdenes de Fernando de

Magallanes. Drake, al mando de cinco naves de reducidas dimensiones y de unos 160 hombres, zarpó de Plymouth en diciembre de 1577. El viaje fue complicado: Drake tuvo que sofocar un motín frente a las costas de la Patagonia y abandonar dos de los barcos. Dieciséis días les costó cruzar el estrecho de Magallanes, durante los cuales uno de los barcos abandonó la búsqueda y regresó a Inglaterra y otro desapareció durante una tormenta. A su llegada al océano Pacífico, a Drake sólo le quedaba un barco, el *Golden Hind*.

Recorrió las costas de Chile y Perú asaltando las embarcaciones españolas que salían a su paso. Alcanzó latitudes muy septentrionales antes de volver sobre sus pasos y desembarcar en la zona de San Francisco, donde declaró toda aquella región propiedad de Inglaterra y la llamó Nueva Albión. Drake atravesó entonces el Pacífico, comerció en las islas de las Especias (Molucas) y firmó acuerdos con los dirigentes locales. Regresó a Inglaterra atravesando el océano Índico y doblando el cabo de Buena Esperanza; llegó a Plymouth el 20 de septiembre de 1850, cargado de tesoros y especias. Como premio a sus logros fue nombrado caballero por la reina Isabel I.

Drake ejerció de alcalde de Plymouth durante varios años. En 1585 dirigió una gran flota que saqueó la ciudad española de Vigo, y cruzó el Atlántico para tomar y saquear Cartagena de Indias y Santo Domingo y destruir San Agustín, en Florida. En 1587 dirigió un ataque sobre Cádiz que destruyó los almacenes y muchos de los barcos de la flota española. Esta hazaña retrasó un año el ataque de la Armada Invencible sobre Inglaterra. Drake jugó un papel fundamental en la victoria contra la Armada en 1588, y fue aclamado como héroe nacional. Después de que en 1589 su flota fuese derrotada en Lisboa, permaneció durante algunos años en Plymouth. Su última expedición a las Antillas, iniciada en 1595, fue un completo desastre. Drake murió frente a las costas de Panamá el 28 de enero de 1596.

El primo de Drake, sir John Hawkins, fue otro célebre corsario masón. Hawkins (1532-12 de noviembre de 1595) fue un capitán de la armada inglesa que gozó de mucha popularidad durante la era isabelina. Nacido en el seno de una familia de navegantes de Plymouth, realizó ya desde muy joven varios viajes a las islas Canarias. Se casó en 1559 con Katherine Gonson, hija de un tesorero de la marina. Tras la muerte del señor Gonson en 1577, Hawkins asumió su puesto e introdujo notables mejoras en la construcción y administración naval.

Entre 1562 y 1569, Hawkins dirigió tres expediciones a África en busca de esclavos que serían luego vendidos en las colonias españolas de las Antillas. En el tercer viaje (1567-1569), en el que también participó su pariente, Francis Drake, se enfrentó con la flota española en San Juan de Ulua, frente a las costas de México, y perdió a la mayoría de sus hombres y barcos. Hawkins dirigió una parte de la flota inglesa que derrotó a la Armada Invencible en 1588. Murió en alta mar en el curso de una malograda expedición a las Antillas, la misma en la que murió Drake.

En el siglo siguiente, el corsario masón más famoso fue el aventurero galés sir Henry Morgan. Morgan (1635-25 de agosto de 1688) fue uno de los bucaneros que, con la ayuda extraoficial del gobierno inglés, se dedicó a atacar a los barcos y colonias que España tenía en el Caribe. En 1668 tomó Puerto Príncipe (actualmente Camagüey, en Cuba), saqueó Portobelo (que hoy en día forma parte de Panamá) y atacó Maracaibo (actualmente en Venezuela) en el año 1669.

La espectacular toma de la ciudad de Panamá llevada a cabo en 1671 estuvo marcada por la brutalidad y el exceso. Buena parte del botín se perdió y la tripulación de Morgan le acusó de haberlos engañado. Tras ser hecho prisionero y enviado a Inglaterra para responder de la acusación de piratería, Morgan fue recibido como un héroe y nombrado caballero y vicegobernador de Jamaica, donde residió a partir de entonces.

Las victorias sobre los españoles eran celebradas en todas las tabernas de la costa de Nueva Inglaterra, y la fascinación por los corsarios y los piratas arraigó en los colonos ingleses, escoceses y holandeses. No había nada deshonroso en los actos de aquellos corsarios; es más, se les consideraba héroes. Pero la época de los piratas apoyados por los gobiernos estaba llegando a su fin. Inglaterra, gracias a la antigua flota de los templarios y a la unión con Escocia, se había convertido en una gran potencia con una importante marina de guerra. La ayuda de los corsarios le resultaba menos atractiva ahora que era el país que más tenía que perder.

Jolly Rogers, banderas negras y banderas rojas

COMO HEMOS COMENTADO EN EL CAPÍTULO 3, a menudo los piratas izaban una bandera conocida como la *Jolly Roger*, llamada así por j2
II, rey templario de Sicilia. Las banderas, de forma muy especial en los barcos, tenían una gran significación en la Edad Media. Las comunicaciones entre dos barcos y entre un barco y tierra firme se hacían por medio de banderas. En época de guerra, donde los cambios de bandos y alianzas eran frecuentes, enarbolar una determinada bandera podía marcar la diferencia entre ser atacado o no por otro barco.

Banderas rojas y negras y una ilustración típica sobre piratas.

Los barcos de las distintas naciones siempre hacían ondear la bandera nacional, a menudo acompañada de otros distintivos. Los barcos piratas eran diferentes. A menudo llevaban banderas de varias naciones, e izaban la más conveniente en cada caso para poder acercarse a otra embarcación.

Los piratas siempre jugaban con ventaja al aproximarse a sus víctimas. Podían perseguir a un barco durante horas o días, manteniéndose a una distancia de seguridad mientras calculaban el poder ofensivo de su oponente teniendo en cuenta el número de hombres y cañones de que disponía. Si resultaba ser un mercante bien guarnecido o un buque de guerra, los piratas podían cambiar el rumbo y buscar otra víctima más débil. Si el navío parecía vulnerable, los piratas podían hacer dos cosas: tratar de abordarlo por sorpresa o realizar un ataque frontal.

El método más sencillo para coger desprevenida a una víctima era usar una bandera falsa, una *ruse de guerre** que las naves utilizaban habitualmente en tiempos de guerra. Antes de la invención de la radio o del código Morse, la única forma que un barco tenía de identificar la nacionalidad de otro era mediante las banderas. A comienzos del siglo XVIII el diseño de las banderas nacionales estaba claramente definido, y un marinero experimentado era capaz de identificar los barcos de todas las naciones a través de los colores que ondeaban en los topes de sus mástiles y en sus astas.

El símbolo de los piratas en Occidente es la bandera negra con un estampado en blanco de una calavera y dos tibias cruzadas. Sin embargo, la *Jolly Roger* era sólo uno de los muchos símbolos asociados a la piratería. En su época dorada, a comienzos del siglo XVIII, en las banderas piratas aparecían gran cantidad de imágenes: corazones sangrantes, balas de cañón en llamas, relojes de arena, lanzas, alfanjes y esqueletos. Hasta mediados del siglo XVIII, en los documentos de la época aparecen nombradas tantas banderas rojas o «sangrientas», como banderas negras. La *Jolly Roger,* al menos en los primeros tiempos, implicaba una relación con la flota perdida de los templarios.[24]

Un libro francés de banderas de 1721 incluye grabados a color hechos a mano de distintas enseñas piratas. Entre ellas hay banderas negras con varias insignias, y una bandera roja junto a un gallardete también rojo. Bajo las banderas rojas se puede leer: «Pavilion nommé Sansquartier» («Bandera llamada Sin Cuartel»). La idea de que una bandera roja significase que no se tomaban prisioneros fue confirmada por el capitán Richard Hawkins, capturado por los piratas en 1724, quien posteriormente describiría cómo «todos subían a cubierta e izaban la *Jolly Roger* (pues así es como llaman a su negra enseña, en medio de la cual hay un gran esqueleto blanco que sostiene en una mano un dardo clavado en un corazón ensangrentado, y en la otra, un reloj de arena).

Cuando luchan bajo la *Jolly Roger* pueden llegar a mostrar cierta clemencia, cosa que no hacen cuando izan la bandera roja.»[24]

Un aspecto curioso es que la bandera que Hawkins describe es una de las que enarbolaba el pirata de Carolina del Norte Edward Teach, más conocido como Barbanegra.

Los autores de libros sobre piratas señalan que aquellos que izaban la *Jolly Roger* no siempre eran hashashins desalmados y crueles. Como sostiene David Cordingly en su libro *Under the black flag,*[24] los piratas no eran tan malos tipos, y a menudo se comportaban de una manera muy caballerosa.

Cordingly explica que en la mayoría de los casos los buques mercantes se rendían sin ofrecer resistencia. Si eso sucedía, los piratas solían abstenerse de hacer ningún daño a la tripulación. Lo más normal era que la carga pasase de un barco a otro, la tripulación fuese desarmada y que nadie fuese hecho prisionero. Los piratas siempre dejaban provisiones suficientes en el barco abordado. Como veremos, los piratas se conducían de un modo muy democrático, y lo habitual era que tratasen de la misma forma a sus prisioneros.

En un abordaje siempre se producían bajas, si bien los barcos piratas solían estar tan bien provistos de cañones y de fieros filibusteros que la primera reacción de la mayoría de los barcos era intentar escapar y, si después eran atrapados, rendirse inmediatamente.

Uno puede imaginarse la reacción de un barco español cargado de riquezas en medio del Caribe en el momento de avistar un barco con bandera pirata: gritos, juramentos, desmayos de las mujeres, hombres empuñando sus espadas, el inicio de una carrera que esclarecería quién disponía de la nave más rápida, si los piratas con sus banderas masónicas al viento o los españoles, con sus barcos cargados de grandes tesoros.

Debido a la tendencia natural de sus víctimas a intentar escapar, los barcos piratas solían ser muy rápidos. Cuando conseguían abordar un barco más rápido que el suyo (por ejemplo, en un puerto), solían quedárselo.

Según varios libros que tratan el tema de la piratería, el pirata más conocido que navegaba bajo la *Jolly Roger* era el capitán England. Una calavera y unas tibias cruzadas sobre un reloj de arena era la bandera pirata de los filibusteros franceses. Un barco pirata francés, el *Sanspitié,* tenía una bandera en la que aparecía una calavera, las tibias cruzadas y un hombre desnudo con una espada en una mano y un reloj de arena en la otra. El capitán Bartholomew Roberts, un pirata inglés, tenía una bandera en la que un capitán y un esqueleto con una lanza sujetaban entre los dos un reloj de arena.

Todas las banderas piratas estaban cargadas de simbolismo, y el significado del reloj de arena es particularmente interesante. Una posible interpretación es que simbolizara que el Vaticano y sus aliados tenían las horas contadas.

Otras banderas piratas de la época sustituían las tibias por espadas. Este llamativo diseño, que aparece al principio de cada capítulo, así como en la película *Piratas del Caribe,* fue usado en origen por *Calico Jack* Rackham. De hecho, es probable que el personaje que interpreta Johnny Depp en la película esté inspirado en él. El nombre de Calico Jack se debe a que Rackham solía llevar camisas y pantalones hechos de una tela fina de algodón denominada calicó. Las telas eran un cargamento habitual y muy valioso, y Rackham era especialmente elegante a la hora de vestir. Era un hombre guapo y culto, valiente y muy ingenioso. Las dos mujeres piratas más famosas de la época, Mary Read y Anne Bonny, fueron miembros de su tripulación, y es probable que Bonny tuviese un hijo suyo.

Calico Jack Rackham y su bandera.

Rackham tenía su base de operaciones en las islas de la Bahía de Honduras (parte de la cual se convertiría después en la Honduras Británica, rebautizada como Belice), pero conforme su poder se fue afianzando, estableció un centro de operaciones de carácter más familiar en un puerto escondido de una pequeña isla al sur de Cuba, donde Anne Bonny residía durante los períodos de indisposición, volviendo a embarcarse una vez había pasado el «malestar».

Él realizaba visitas a su «familia», y se quedaba hasta que se acababan el dinero y las provisiones.

La historia más famosa de este extravagante pirata comienza con Rackham fondeado en su embarcadero secreto, poniendo a punto su barco y haciendo los preparativos para partir. De pronto, aparece en escena un guardacostas español junto a una corbeta inglesa que ha sido apresada acusada de contrabando. Los españoles deciden atacar a Rackham, que está cerca de la orilla de la isla, lejos del alcance de sus balas. Al caer la tarde, el guardacostas se coloca en el canal de entrada, desde donde bloquea la pequeña bahía. Los españoles están convencidos de que Rackham está atrapado y de que podrán acabar con él en cuanto amanezca.

Rackham se da cuenta enseguida de lo desesperado de su situación y actúa como el hombre valiente e inteligente que es. La corbeta capturada ha quedado en una posición desde la que la huida es factible. Rackham, consciente de que su barco sería hecho pedazos por la mañana, opta por una maniobra a la altura de su ingenio. Aprovechando la oscuridad de la noche, Rackham ordena a sus hombres subir a los botes y dirigirse —con los remos envueltos en tela— desde su bergantín hacia la corbeta. Rápidamente reduce a la tripulación, corta la cuerda que mantenía preso el barco y se hace a la mar.

Por la mañana, los españoles abren fuego con todos sus cañones contra el bergantín de Rackham. Para su sorpresa, en el barco no se escucha ni un solo ruido. Es fácil imaginar su disgusto al descubrir que su presa había volado junto con un valioso botín, dejando atrás un barco destrozado.

Rackham continuó asaltando barcos mercantes y estableció su nueva base de operaciones en Jamaica. En 1720, cuando el gobernador de Jamaica supo de su presencia, envió una corbeta armada en su captura. Rackham intentó escapar en su barco, pero el buque de guerra inglés lo alcanzó y consiguió que se rindiera sin apenas ofrecer resistencia. Quizá creyese que el gobernador de Jamaica se apiadaría de su paisano inglés, pero casi toda la tripulación fue condenada a la horca. Mary Read, Anne Bonny y algunos más, que adujeron haber sido enrolados a la fuerza, fueron absueltos. Racham fue ahorcado en Port Royal, a la entrada misma del puerto para que todos los marineros viesen su cuerpo colgar durante meses.

A Anne Bonny se le atribuyen las siguientes palabras sobre Rackham: «Si hubiese luchado como un hombre, no habría muerto como un perro.»[57, 58]

El capitán Kidd y el final de los piratas templarios

DE TODOS LOS PIRATAS TEMPLARIOS Y MASONES, nadie ha despertado tanto interés como el capitán Kidd. William Kidd nació en Escocia en 1645 y murió el 23 de mayo de 1701. La literatura se ha encargado de idealizar la vida de este pirata británico-escocés.

En 1689, William Kidd se enroló en el barco pirata *Blessed William,* que se entregó en Nevis, una isla del Caribe. El gobernador de la isla dio permiso a Kidd para atacar a los franceses. En diciembre de 1689 participó en el saqueo de *Marie-Galante* y en el ataque a varios barcos franceses. En febrero de 1690 la tripulación de Kidd, temiendo por su seguridad, decidió robar el *Blessed William* mientras Kidd estaba en tierra. A bordo del *Antigua,* Kidd persiguió a su antiguo barco hasta Nueva York. En aquella época, Nueva York estaba inmersa en una guerra civil. Kidd se alió con el bando vencedor y se casó con una viuda rica en mayo de 1691. Permaneció en la ciudad unos cuantos años y se relacionó con sus líderes políticos. Uno de sus contactos era Robert Livingston, un ambicioso empresario.

En 1695 viajó a Londres junto a Livingston para reunirse con Richard Coote, conde de Bellomont, quien

En tiempos del capitán Kidd se adueñó de las calles de Nueva York una fiebre pirata.

acababa de ser nombrado gobernador de Nueva York y Massachusetts. Kidd tenía esperanzas de poder asegurarse una patente de corso. Entre los tres tramaron un plan para capturar piratas y apropiarse de su botín en lugar de devolvérselo a sus propietarios. En octubre firmaron un contrato, según el cual Coote aportaba 6.000 libras para sufragar la expedición de Kidd —Coote llegó a otros acuerdos secretos con la Secretaría de Estado, altos cargos del Almirantazgo y de la Judicatura y el rey en persona. El monarca le concedió a Kidd tres patentes: la primera lo autorizaba a capturar barcos franceses; la segunda, a capturar piratas; y la tercera y más importante para su causa, a evitar que los botines capturados siguiesen el trámite habitual de tener que pasar por el juzgado. Esto le permitía a Kidd conservar el botín hasta el momento de entregárselo al gobernador Coote en Boston.

Entre los tres compraron el galeón *Adventure,* un barco de 300 toneladas provisto de 34 cañones. Kidd zarpó de Inglaterra en mayo de 1696 con rumbo a Nueva York. Allí reclutó a su tripulación, a la que prometió el 60% del botín, a pesar de haber prometido ese mismo porcentaje al gobernador Coote.

En septiembre zarpó hacia el océano Índico bordeando la costa africana. Recaló en Madagascar y reparó su barco en Isla Johanna (Anjouan). En abril de 1697, Kidd zarpó de Isla Johanna hacia el mar Rojo, con la intención de saquear los barcos de los peregrinos que regresaban a la India desde La Meca.

Aunque la segunda patente de Kidd lo autorizaba a asaltar otros barcos piratas, era una situación harto improbable. Su tripulación se habría mostrado reticente a atacar a otros piratas, muchos de los cuales serían amigos. Además, atacar un barco lleno de lobos de mar era algo muy distinto a atacar un barco mercante. De hecho, Kidd coincidió con los piratas John Hoar y Dirk Chivers en la isla de Santa María, en Madagascar, y no se enfrentó a ellos.

Un contrato entre piratas

UNO DE LOS DOCUMENTOS RELATIVOS A LA HISTORIA DE LA PIRATERÍA que han llegado hasta nuestros días es el contrato firmado entre el capitán Kidd y los miembros de su tripulación. En los libros que se han escrito sobre Kidd en los últimos siglos se nos presenta a su tripulación como piratas avezados que eran enviados a la caza y captura de otros piratas, quizá más despiadados que ellos. Su capitán era un imponente escocés instalado en Nueva York que conocía a fondo a los piratas, y que ahora se dedicaba a cazarlos. Se había producido un cambio de opinión hacia los bucaneros y su lucha contra el Vaticano. Ahora los piratas se encontraban fuera de la ley, incluida la de los templarios y la de sus herederos los masones.

El juicio del Capitán Kid.

Unos días después de haber partido de Nueva York, el capitán Kidd firmó un contrato con su variopinta tripulación. Volvió a reiterar que el rey de Inglaterra le había autorizado a atacar tanto a barcos franceses como a «otros barcos piratas».

La tripulación de Kidd incluía a un joyero judío de 42 años llamado Benjamin Franks, un cocinero ceilandés, un indio de Norteamérica y así, hasta sumar ciento cincuenta hombres, la mayoría filibusteros y comerciantes ansiosos por hacerse con un gran botín. El barco de Kidd estaba lo suficientemente bien armado como para hacerle frente a cualquier barco de la época y para que todos sus hombres pudiesen volver a casa con una pequeña fortuna.

El 10 de septiembre de 1697, todos y cada uno de los ciento cincuenta hombres fueron entrando al camarote del capitán para firmar el contrato —la mayoría escribió una X o las iniciales de su nombre. Este fascinante documento ha llegado hasta nuestros días y es una muestra del espíritu democrático que imperaba en el barco:

CONDICIONES del contrato (...) entre el capitán William Kidd, comandante del galeón *Adventure* por una parte y John Walker, contramaestre del mencionado barco por otra, a continuación, véase (...)

El contrato es una especie de pacto negociado entre ciento cincuenta hombres por un lado y el capitán Kidd, por el otro. En un barco de la Armada Real, la autoridad del capitán contaba con el refuerzo de un destacamento de infantes de marina armados; en este barco corsario, el poder de Kidd se basaba fundamentalmente en este trozo de papel (además de en su fuerte personalidad y en un puñado de oficiales leales).

Las condiciones también proporcionan una visión general del código de conducta de estos hombres:

*Bonificaciones e incentivos: «El hombre que primero aviste la vela de un barco que luego sea hecho prisionero recibirá cien monedas de a ocho».

*Seguro de accidentes laborales: «Que si un hombre pierde un ojo, pierna o brazo, o el uso de los mismos (...) recibirá (...) seiscientas monedas de a ocho, o seis esclavos capaces».

*Disciplina: «Que cualquiera que desobedezca al mando perderá su parte del botín o recibirá el castigo corporal que el capitán y la mayoría de la tripulación estimen oportunos». (Esta importante condición fijaba que el capitán Kidd no podía castigar a sus hombres sin el consentimiento de la mayoría, y garantizaba así que en el barco imperase un sistema democrático).

*Cobardía: «El hombre que demuestre cobardía durante el combate perderá su parte del botín».

*Sobriedad: «El hombre que esté ebrio en el momento de entablar combate, antes de que los prisioneros estén a buen recaudo, perderá su parte del botín». (Evidentemente, se daba por supuesto que después de la victoria habría una celebración con borrachera incluida).

*Lealtad: «El hombre que llame al motín a bordo de este barco o de cualquiera que haya sido capturado perderá su parte del botín y recibirá el castigo físico que el capitán y la mayoría de la tripulación estimen oportuno» (De nuevo, Kidd se somete al voto democrático de todo el barco).

*Honestidad: «Si un hombre defrauda al capitán o a la tripulación alguna riqueza, como dinero, bienes, productos, mercancías o cualquier otra cosa cuyo valor alcance una moneda de a ocho (...) perderá su parte del botín y será desembarcado en la primera isla u otro lugar habitado donde haga escala el mencionado barco».

*Reparto: «Todo dinero o tesoro que el mencionado barco y su tripulación consigan serán llevados a bordo del buque de guerra y repartidos inmediatamente, y todos los productos y mercancías, una vez confiscados legalmente, serán repartidos entre la tripulación del barco de acuerdo con las presentes Condiciones». (Kidd se reservaba el equivalente a cuarenta partes para él y los propietarios del barco, y el resto iba a parar a la tripulación).

La firma del capitán Kidd era una gran W afilada y una desmesurada y serpenteante K. Con mano firme dio el visto bueno a lo que probablemente fuese un contrato pirata estándar en aquel tiempo. Él era el líder del barco, pero aceptaba renunciar a su derecho a ordenar que alguien fuese azotado si la mayoría de la tripulación no daba su consentimiento.

En aquella época ningún otro barco contaba con una tripulación tan variopinta y democrática. Tanto los barcos mercantes como los de guerra, ya fuesen británicos, franceses, holandeses, españoles o de otras nacionalidades, contrataban marineros a los que ofrecían un sueldo fijo. Por valiosa que fuese una mercancía o el botín apresado tras una batalla, el sueldo de los marineros era siempre el mismo. La paga que recibían los corsarios, filibusteros, bucaneros y piratas era variable. Dependiendo de su suerte, de su esfuerzo y de su audacia podían llegar a repartirse un valioso botín de oro, seda, ron y cofres llenos de monedas, entre otras cosas.

George Washington ataviado de masón.

Las condiciones del contrato del barco de Kidd muestran los valores intrínsecos de democracia e igualdad habituales entre piratas y corsarios, reflejo de los ideales templarios de los primeros piratas. Había piratas y corsarios cristianos y nacidos en Europa, pero también hindúes de la costa de Malabar, budistas de Ceilán, musulmanes del norte de África, indios de Norteamérica, negros, mulatos y blancos. A excepción del capitán, todos eran socios a partes iguales en el barco. La vida pirata se parecía a la floreciente república que habría de convertirse en Estados Unidos: todos eran iguales a bordo del barco y nadie podía ser castigado sin la aprobación de la mayoría. Nada parecido a esto sucedía en el resto de los barcos que surcaban los siete mares.

A Kidd se le presentaba una complicación: debía atacar barcos piratas, pero su propia tripulación estaba compuesta de piratas, hombres que no debían lealtad al rey de Inglaterra ni a ninguna otra autoridad. Tiempo después de su partida Fletcher, gobernador de Nueva York, observaría: «Cuando [el capitán Kidd] estuvo aquí, muchos se unieron a él (...) hombres desesperados y con necesidades apremiantes con la esperanza de obtener vastas riquezas. Zarpó de aquí con 150 hombres (...) gran parte de ellos eran de esta provincia. Por lo general aquí se cree que conseguirán dinero *per fas aut nefas* [de un modo u otro], y que si no cumple el propósito que figura en su nombramiento, no podrá gobernar a un grupo de hombres de esas características.»[17]

Richard Zack, en su reciente biografía de Kidd, *El cazador de piratas,* afirma: «Así pues, el panorama es el siguiente: la misión del capitán Kidd es perseguir

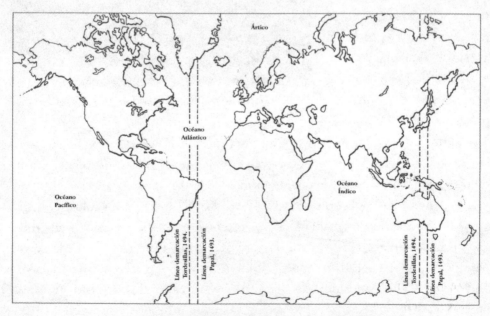

**Líneas de demarcación papal de 1493 y 1494
que repartían el mundo entre España y Portugal.**

piratas, hombres que prefieren morir antes que rendirse. Viaja en un solo barco tripulado por un grupo de desesperados entre los que se encuentran muchos antiguos piratas. Las condiciones de su contrato no le permiten castigar a ningún miembro de su tripulación, si no es con la aprobación mayoritaria de ésta. Como combatiente privado, será objeto de la desconfianza de la Armada Real; como rival comercial, sufrirá el desprecio de la Compañía de las Indias Orientales. Kidd es un escocés al mando de una tripulación compuesta por ingleses y holandeses. Una vez pasado el cabo de Buena Esperanza, no encontrará ningún puerto donde hacer escala, a excepción de puertos piratas. En el inmenso océano Índico, de cincuenta millones de kilómetros cuadrados, tendrá que encontrar alguno de los cinco barcos piratas que actualmente se encuentran en activo, muchos de los cuales transportan parientes y amigos de los miembros de su tripulación. Además, tiene un año de plazo y algunos de los hombres más poderosos del mundo esperan su regreso. Sería una misión de locos, si no fuese por el tesoro.»[17]

Kidd captura un barco musulmán con un gran tesoro a bordo

EL 15 DE AGOSTO KIDD SE ENCONTRÓ CON UN ESCUADRÓN indio escoltado por un barco de la Compañía de las Indias Orientales. El barco inglés abrió fuego contra Kidd, y éste se retiró a la costa noroeste de la India. El día 19 Kidd capturó una pequeña embarcación cerca de Janjira. Se cree que torturó a los marineros indios e impresionó al capitán del barco, de origen inglés, al ponerse él mismo al mando del timón durante varios meses. Kidd emprendió viaje hacia el sur y rechazó los ataques de dos buques de guerra portugueses. En septiembre recaló en las islas Lacadivas para hacer reparaciones en el barco. Sus hombres obligaron a los nativos a trabajar para ellos, hicieron hogueras con sus barcas y violaron a sus mujeres. En noviembre, Kidd se encontró con otro barco de la Compañía de las Indias Orientales. Su tripulación deseaba atacar, pero Kidd les convenció de lo contrario. A mediados de ese mismo mes, se encontraron con un barco holandés. Supuestamente, Kidd y William Moore, cañonero del *Adventure*, mantuvieron una discusión sobre si debían o no atacar. Al parecer, Kidd mató a Moore estampándole un balde en la cabeza. A principios de diciembre Kidd apresó el barco holandés *Rouparelle*, que navegaba con bandera francesa y contaba con patente de corso del mismo país. Kidd le cambió el nombre por el de *November*.

En enero de 1698 Kidd alcanzó el momento más glorioso de toda la historia de la piratería al capturar el *Quedah Merchant*, un barco armenio cedido al gobierno indio. El *Quedah Merchant* navegaba desde Bengala hasta Surat con un valioso cargamento de muselina, seda, hierro, azúcar, salitre, armas y monedas de oro. Kidd vendió parte del botín por diez mil libras. Continuando su marcha hacia el sur, apresó un pequeño barco portugués, y en abril de 1698 regresó a la isla de Santa María, situada frente a la costa de Madagascar. El botín del *Quedah Merchant* fue repartido en la isla. La mayoría de la tripulación de Kidd se enroló con otro pirata llamado Culliford, y Kidd le prendió fuego al *Adventure*. El *Quedah Merchant* pasaría a llamarse *Adventure Prize*. Kidd abandonó Santa María a bordo del nuevo barco en noviembre de 1698.

Tras la pérdida del *Quedah Merchant*, la Compañía de las Indias Orientales —que ya estaba sufriendo las acciones de otro pirata inglés, Henry Every— se exponía a que el emperador de la India decretase la expulsión de las potencias europeas. La Compañía cedió a las presiones y compensó a los propietarios de las mercancías del *Quedah Merchant*, pagó sobornos y acordó enviar varias patrullas al sur del mar de la India. El hecho de que los ataques piratas continuasen no contribuyó al apaciguamiento de los oficiales indios. El gobierno británico, tratando de conservar sus intereses comerciales en aquel país, denunció a Kidd por actos de piratería y no lo incluyó en una amnistía general decretada en 1698. En noviembre de ese mismo año se le dio prioridad a su captura.

En abril de 1699 Kidd llegó a bordo del *Adventure Prize* a la isla caribeña de Anguilla. Kid sabía que sobre él pesaba una orden de busca y captura por piratería. Consciente de que no estaría a salvo en ningún puerto, se dirigió a Mona, una isla desierta situada en medio del canal que separa Puerto Rico y La Española. Mona no pertenecía a nadie, así que era un buen lugar para esconderse.

Kidd no sabía qué hacer. Quizá él fuese el último de los piratas templarios escoceses enviados por los Sinclair de Rosslyn. Escocia e Inglaterra no mantenían buenas relaciones, e Inglaterra había prohibido que Escocia fundase colonias o estableciese relaciones comerciales con las tierras transatlánticas. Los escoceses pretendían fundar una colonia en Panamá y Kidd había oído hablar de ello. Llegó a plantearse la posibilidad de ir allí con su tesoro. Finalmente, decidió que lo mejor era llegar a Nueva York, donde contaba con amigos influyentes y con una mujer a la que quería, para intentar salvarse allí.

El *Adventure Prize* fue abandonado en el Higuey, un río de La Española. Su carga fue desembarcada y vendida allí mismo. El oro resultaba mucho más fácil de transportar que las voluminosas piezas que componían el botín. Kidd, al mando ahora del *Saint Antonio,* puso rumbo a Nueva York. Se preguntarán qué sucedió con el *Adventure Prize*. Al ser demasiado reconocible para que nadie pudiese navegar con él por el Caribe, decidieron quemarlo y dejar que se hundiese allí mismo, muy lejos del lugar donde había sido botado, el océano Índico.

Por las colonias de América se estaba extendiendo un movimiento de opinión contrario a la piratería. Por toda la costa se sucedían las expediciones a su caza y captura. Kidd consiguió llegar hasta la isla Block (Oyster Bay, Long Island), donde a través de sus contactos inició las negociaciones para obtener un indulto. Ante los crímenes que se le imputaban, Kidd alegó que su tripulación le había obligado a cometerlos. Lo convencieron para ir a Boston, donde fue detenido y enviado a Londres.

El capitán Kidd estaba metido en un buen lío. Sus victorias en el océano Índico casi habían acabado por hundir la Compañía Británica de las Indias Orientales, lo cual hubiese supuesto una auténtica catástrofe para Gran Bretaña. En abril de 1698 habían llegado noticias a la costa norte de la India que informaban de que Kidd había apresado un barco comercial musulmán. Aparte de eso, Kidd poseía un documento auténtico con el sello del rey de Inglaterra, y eso no dejaba en buen lugar al floreciente comercio inglés en la India.

Algunos gobernadores, enfurecidos, habían amenazado con atacar los almacenes de la Compañía de las Indias Orientales, y funcionarios de las más altas instancias presionaban para que los comerciantes ingleses fuesen expulsados de la India. Las espectaculares previsiones que Inglaterra tenía puestas en aquel país pendían de un hilo, puesto que si la Compañía de las Indias Orientales fracasaba, Inglaterra habría fracasado a su vez.

En su *Esquema de la Historia,* H. G. Wells, explica elocuentemente la extraña relación que se estableció entre la Compañía y el gobierno británico:

Estos logros [a la hora de conseguir la riquezas de la India] no fueron obtenidos directamente por las fuerzas del rey de Inglaterra, sino a través de la Compañía de las Indias Orientales, que en sus orígenes, antes de obtener la cédula real de manos de la reina Isabel, no era más que una pequeña compañía de aventureros. Poco a poco, se habían visto obligados a reclutar soldados y a comprar armamento para sus barcos. De pronto, esta compañía, cuyo único objetivo era lograr beneficios, se encontraba con que además de comerciar con especias, tintes, té y joyas, tenía que negociar las rentas y posesiones de los príncipes y el destino de la India entera. Había acudido a comprar y a vender y acabó practicando todas las formas posibles de piratería. Nadie ponía en duda sus procedimientos. ¿A alguien le sorprende que los capitanes, comandantes y oficiales, e incluso los oficinistas y soldados volviesen a Inglaterra cargados con los frutos del saqueo? Aquellos hombres, enfrentados a tales circunstancias, con una tierra vasta y rica a su disposición, no sabían de qué podrían ser capaces. Para los ingleses, aquella era una tierra extraña, no estaban acostumbrados al sol; sus habitantes tenían la piel oscura, eran de una raza distinta a la suya, hacia la que no sentían ninguna clase de afinidad; sus templos y edificios parecían preservar extrañas formas de comportamiento.

Wells concluye diciendo: «Se dio la circunstancia de que el Parlamento inglés gobernaba sobre una compañía comercial que, desde su sede en Londres, dominaba un imperio que superaba en extensión y en población a los territorios pertenecientes a la Corona inglesa.»

En 1698, tan sólo unos 50 representantes británicos –todos ellos trabajaban para la Compañía de las Indias Orientales– habían logrado establecerse en el subcontinente indio, y su posición aún era precaria. Y nada menos que un escocés, el capitán Kidd, lo estaba echando todo a perder. Tenían que rodar cabezas.

En julio de 1699 Kidd fue capturado y encarcelado en Boston. En febrero del año 1700 una fragata lo transportó a Londres para ser juzgado. Una vez en Inglaterra, Kidd se convirtió en un peón político que sirvió para desalojar del gobierno a hombres muy poderosos. El juicio empezó el 8 de mayo y el veredicto se leyó al día siguiente: era declarado culpable de asesinato y de múltiples actos de piratería.

El Capitán Kid en el cadalso.

La ejecución del capitán William Kidd, que tuvo lugar el 23 de mayo de 1701, no fue un ahorcamiento ordinario. La primera soga que le pusieron alrededor del cuello se rompió y tuvieron que colgarlo una segunda vez. Una vez muerto, su cuerpo fue cubierto de brea, fue encadenado, cubrieron su cabeza con un arnés metálico y lo colgaron en Tilbury Point, sobre el Támesis, para servir de advertencia a quienes por allí pasasen. El cuerpo permaneció allí hasta que se pudrió por completo. El capitán Kidd no volvería a hacerse a la mar, pero la leyenda sobre su tesoro no había hecho más que empezar.

El tesoro del capitán Kidd

LA DESAPARICIÓN DE LA MAYOR PARTE DEL BOTÍN del capitán Kidd dio lugar a multitud de leyendas acerca del pirata y de su tesoro enterrado. El único tesoro que ha sido recuperado se encontró en 1699 en la isla Gardiners, frente a Long Island. Entre las aproximaciones literarias a la leyenda de Kidd destaca la realizada por Edgar Allan Poe en su relato El escarabajo de oro (1843).

El de Kidd quizá sea el más famoso de todos los tesoros piratas. Llegó incluso a rumorearse que el fabuloso tesoro compuesto de lingotes y monedas de oro estaba dentro del pozo del dinero de la isla Oak.

¿Con cuánto oro contaba realmente? ¿Qué fue del tesoro? ¿Enterró parte de él mientras estaba fondeado en la isla Block? ¿Cabe la posibilidad de que remontase el río Connecticut, sorteara las cataratas y encontrase un buen sitio donde esconderlo en la isla de Clark? No podemos saberlo con certeza, pero los mapas actuales del río Connecticut la llaman la «isla de Kidd».

La isla de Kidd, situada en el río Connecticut a su paso por Northfield, Massachusetts, a poca distancia del extremo superior de Pine Meadow, alberga una leyenda. Según Temple y Sheldon (1875), la historia es como sigue: el capitán Kidd y sus hombres remontaron el río Connecticut buscando un sitio donde enterrar un tesoro, un sitio apartado pero fácil de reconocer. Enterraron el cofre del oro y echaron a suertes cuál de ellos había de morir para dejar su cuerpo sobre el cofre y así protegerlo de los buscadores de tesoros. Con el paso del tiempo surgió una leyenda sobre el tesoro: el oro sólo podía ser desenterrado por tres personas, a medianoche, con la luna llena justo sobre sus cabezas. Los tres debían formar un triángulo en el punto exacto y trabajar en absoluto silencio; si pronunciaban alguna palabra, el hechizo se rompería.

A comienzos del siglo XIX, Abner Field y dos amigos suyos intentaron encontrar el tesoro siguiendo las instrucciones al pie de la letra. A medianoche, cuando la luna llena estaba en lo más alto, cavaron a marchas forzadas. Palada a palada fueron excavando un agujero cada vez más profundo. A pesar del frío de la noche, sus cuerpos estaban empapados en sudor. Los mosquitos revoloteaban a su alrededor y les picaban, pero ellos no se atrevían a matarlos por miedo a que el ruido rompiese el hechizo. Cualquier contrariedad podía soportarse con tal de encontrar el tesoro enterrado.

De pronto la pala golpeó en algo metálico. Entre la tierra suelta podía verse una de las esquinas del cofre, y uno de ellos exclamó: «¡Le has dado!». En ese mismo instante los tres buscadores de tesoros vieron desconsolados cómo el cofre comenzaba a hundirse hasta perderse de vista…

Al igual que sucede en las historias sobre tesoros, sabemos que está ahí, pero más allá de nuestro alcance.

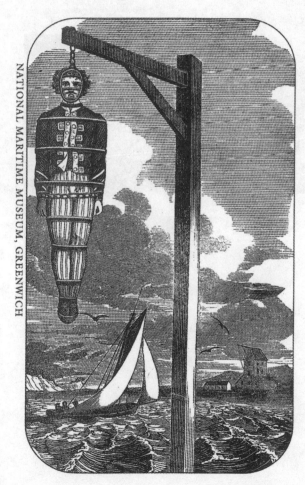

NATIONAL MARITIME MUSEUM, GREENWICH

El capitán Kidd cuelga sobre el Támesis como ejemplo para otros piratas.

Fuego de cañones entre dos barcos.

Un odio apasionado puede dar sentido a una vida vacía.
ERIC HOFFER

«¡Aún no he empezado a luchar!»
JOHN PAUL JONES

CAPÍTULO 9 LA UTOPÍA PIRATA Y LA NUEVA JERUSALÉN

LA MISIÓN TEMPLARIA DE FUNDAR UNA NUEVA JERUSALÉN

No deberíamos subestimar el legado de los templarios en el mundo moderno. Su flota pirata surcó los mares del norte durante siglos, atacando a navíos leales al Vaticano; cuando comenzaron los asentamientos en los nuevos territorios de Nueva Escocia y América, los templarios y su flota también estaban allí Camuflados como masones del Rito Escocés desempeñaron, como poco, un papel crucial en la creación de Estados Unidos.

Según indica Tim Wallace-Murphy en su libro *The templar legacy & the masonic inheritance within Rosslyn Chapel*[13], los templarios comenzaron su transformación moderna en el castillo de Rosslyn. El constructor de la capilla de Rosslyn,

William St. Clair, que vivió a mediados del siglo XV, fue el último Sinclair en ostentar el título de *Jarl* (*Earl*, «conde») de las Orcadas. Después de William, el *Jarldom* de las Orcadas pasó de manos de la familia a la Corona escocesa como parte de la dote de Margarita de Dinamarca al casarse con el rey Jacobo III de Escocia. William no sólo era nieto del príncipe Henry Sinclair y último *Jarl* de las Orcadas, también tenía el título, un tanto peculiar, de Caballero del Berberecho y del Toisón de Oro. Según Wallace-Murphy, sir William St. Clair era miembro de una sociedad secreta que conservaba importantes conocimientos sobre el Santo Grial, la Santa Sangre de los reyes merovingios y el destino del nuevo continente que se hallaba al otro lado del Atlántico.

William Sinclair y su firma.

En *Masones y templarios*[3], Baigent y Leigh afirman que «… en la Edad Media, el arquitecto o constructor del Templo de Salomón ya se había convertido en una figura importante para los gremios de albañiles "en activo". En 1410, un manuscrito relacionado con uno de dichos gremios menciona al "hijo del rey de Tiro" [Hiram] y lo relaciona con una ciencia antigua que podría haber sobrevivido al Diluvio y haber sido transmitida por Pitágoras y Hermes. Un segundo manuscrito —bastante posterior— fechado en 1583 cita a Hiram y lo describe al mismo tiempo como hijo del rey de Tiro y como un "Maestro". Estos documentos atestiguan lo que sin duda debió de ser una tradición muy extendida y mucho más antigua.»[3]

Es evidente que los templarios se veían a sí mismos como herederos de un conocimiento antiguo que se remontaba a la Atlántida. Lucharon durante cientos de años contra el Vaticano y contra el régimen de terror que representaba la Inquisición. Para los templarios, la verdadera Iglesia, la que instruía sobre el misticismo, la reencarnación y las buenas obras, estaba siendo sustituida por una fuerza tenebrosa que se autoproclamaba única fe verdadera. La presión sobre los demás credos se llevaba a cabo mediante los conocidos mecanismos de la tortura, el terror y el exterminio.

Henry Sinclair lo había arriesgado todo para realizar sus viajes a través del Atlántico Norte. ¿Había llevado el Santo Grial y aun el Arca de la Alianza a América? ¿Habían contribuido dichas reliquias sagradas a estimular la creación de Estados Unidos, una nación que algunos de sus «padres fundadores» masones como George Washington, Thomas Jefferson y Benjamin Franklin iban a fundar basándose en parte en los ideales templarios de libertad religiosa y de un sistema bancario de libre comercio?

Benjamín Franklin realizando el esperimentodel pararrayos.

Algunos historiadores de los templarios como Michael Baigent, Richard Leigh, Andrew Sinclair y Tim Wallace-Murphy sostienen que éstos ayudaron a crear una Escocia independiente, después una «Nueva Escocia» y finalmente unos Estados Unidos independientes.

Ciertos temas cristianos esotéricos, como el Santo Grial y la Nueva Jerusalén, tienen una presencia importante en nuestro estudio de la flota perdida de los templarios y sus sucesores. Ya hemos nombrado a sir Francis Bacon y su novela utópica inacabada *La nueva Atlántida,* publicada en torno al año 1600, y hemos expresado la idea de que este libro reflejaba el deseo de los supervivientes de la orden del Temple de usar la flota fondeada en Escocia para crear una Nueva Jerusalén utópica en las tierras al otro lado del Atlántico Norte.

Barcos americanos disponiéndose a zarpar en 1776.

Hay autores que defienden la idea de que los templarios hicieron precisamente eso, y que Montreal se fundó con el objetivo de ser la Nueva Jerusalén de la «Nueva Atlántida». El escritor canadiense Michael Bradley sostiene en su libro *Holy Grail across the Atlantic* que el explorador francés y fundador de la colonia de Quebec, Samuel de Champlain (1567-1635), era un agente secreto a las órdenes de la dinastía del Grial, y que éste fue trasladado a Montreal justo antes de que Nueva Escocia fuese atacada por el almirante británico Sedgewick en 1654. Una misteriosa sociedad secreta llamada Compagnie du Saint-Sacrement se encargó de llevar el Grial a Montreal.[9]

Otra autora canadiense, Francine Bernier, afirma que hay pruebas de que los templarios estaban intentando hacer de la ciudad de Montreal la Nueva Jerusalén. En su libro *The templar legacy: Montreal, the New Jerusalem,* Bernier sostiene que existe una historia secreta de la fundación de la ciudad. Afirma que en el siglo XVII se pensó en la isla de Montreal como emplazamiento de la Nueva Jerusalén del mundo cristiano y sede de un grupo de místicos que pretendían vivir como la intachable Iglesia primitiva de Jesús. La encargada de hacer realidad este sueño fue la Societé de Nôtre-Dâme, la mitad de cuyos miembros formaban parte de la escurridiza Compagnie du Saint-Sacrement. No hacían votos formales y formaban el elitista e invisible «corazón de la Iglesia», que seguía una doctrina «juanista» de la tradición esenia, según la cual hombres y mujeres eran considerados apóstoles por igual.[33]

Bernier afirma que estos nuevos cruzados cristianos se aseguraron de que su noble fin fuese continuado en el extranjero, en la «Nueva Francia», con Montreal como la Nueva Jerusalén prometida en la Biblia. En su libro revela los vínculos entre Montreal y: (1) San Juan Bautista como su patrón; (2) Melquisedec, el primer rey sacerdote y una figura patriarcal para los templarios y los esenios; (3) *Stella Maris,* la estrella de mar del monte Carmelo; (4) la diosa frigia Cibeles como la andrógina madre de la Iglesia; (5) San Blas, el sanador o «terapeuta» armenio —patrón de los albañiles y una figura fundamental para benedictinos y templarios; (6) la presencia de dos Vírgenes negras, en especial una procedente de Montaigu; (7) una capilla sulpiciana basada en el tema del Templo de Salomón.[33]

En vista de lo que ya sabemos de la flota perdida de los templarios, la Santa Sangre o Santo Grial y la familia Sinclair, parece razonable concluir que es muy posible que Montreal estuviese destinada a ser la Nueva Jerusalén. La costa atlántica de Canadá y Nueva Inglaterra, además de los territorios a los que se podía acceder a través del río San Lorenzo, eran zonas que los templarios tenían en mente para una campaña de repoblación masiva. Harían falta cientos de años para realizar dicho plan, pero es evidente que los templarios pensaban a muy largo plazo. Planificaban el futuro tal como ellos querían que fuese. Su objetivo era fundar nuevos países libres de la opresión religiosa y de la falsa doctrina del «derecho divino de los reyes.»

Si el primer objetivo de la flota templaria era establecer puestos avanzados en la isla Oak y otras zonas de Nueva Escocia, para a continuación crear ciudades templarias como Montreal, su siguiente propósito era fundar un país independiente, libre de reyes europeos y de la influencia del Vaticano. Para eso sería necesaria una revolución: la Revolución americana.

Caricatura británica en Punch sobre los piratas americanos y la *Jolly Roger.*

Los templarios y la Revolución americana

SE CALCULA QUE MÁS DEL 80% de los «padres fundadores» de Estados Unidos, los firmantes de la Declaración de Independencia, eran masones del Rito Libre Escocés, y por tanto descendientes de los templarios y de las sociedades que los precedieron. La Revolución americana no fue tanto una batalla contra el rey de Inglaterra y Escocia –Jorge III– como una batalla para crear el estado templario-masónico de los «Constructores», libre de cualquier monarquía hereditaria o sistema de gobierno corruptible.

Se daba el caso de que algunos servidores del rey, iniciados de la orden masónica, trabajaban contra él y la realeza, pues así se les había ordenado. Aunque no era un hecho muy conocido, un grupúsculo dentro de la orden escocesa se encargaba de coordinar, en la medida de lo posible, la creación de Estados Unidos y la derrota de la Corona británica. Los templarios-masones participaron de tapadillo en la creación de Estados Unidos, asegurándose de que determinados puentes quedasen sin vigilancia y de que Washington y sus tropas pudiesen escapar al ser rodeados.[2]

Aunque al rey Jorge nadie le había revelado dichos planes para la creación de unos Estados Unidos independientes, separados de su poder real, las sociedades antiguas le permitieron embarcarse en una guerra contra las colonias, sabiendo de antemano que sería derrotado. Cuenta una leyenda masónica moderna que dos hermanos, ambos masones, eran comandantes de los Casacas Rojas británicos contra los revolucionarios pero que, al ser masones, permitían que Washington escapase de vez en cuando para reagrupar sus fuerzas y continuar la batalla.[2]

Entre los esfuerzos del general Washington para eludir a las fuerzas británicas, al parecer con ayuda de los masones, podemos situar el haberse servido del «círculo de espías de Culver». En junio de 1778, las fuerzas del general británico sir Henry Clinton ocuparon la mayor parte de la ciudad de Nueva York, mientras las milicias de Washington estaban desperdigadas por toda la zona. La guerra sólo estaba en su segundo año, pero a las colonias les iban mal las cosas y Washington necesitaba desesperadamente información sobre los movimientos de las fuerzas de Clinton. Long Island, al igual que Nueva York, estaba ocupada por los británicos cuando la gente de Washington reclutó al masón —y residente en Long Island— Abraham Woodhull para realizar labores de inteligencia para las colonias rebeldes. Su nombre en clave pasó a ser Samuel Culver.

La primera acción de Woodhull fue reclutar a un empresario de Nueva York llamado Robert Townsend, también masón. A su vez, Townsend reclutó a sus propios agentes: su mujer y su cuñado. Juntos formaron el círculo de espías de Culver, que le facilitaría a Washington información importante sobre los movimientos de las tropas de Clinton. Washington les dio instrucciones de que escribiesen la información en las páginas de los libros de bolsillo habituales por aquel entonces. Después, dichos libros le serían entregados a él.

Washington no conocía las identidades de los espías, pero sabía que eran masones. Quería que se relacionasen con los británicos y con los realistas, que visitaran sus cafés y demás lugares públicos, y eso hicieron. Townsend, por ejemplo, escribía una columna de sociedad para un periódico realista, lo cual le proporcionaba un mejor acceso al enemigo. Una de las personas con las que se relacionaba era el comandante John André, quien posteriormente entregaría a Benedict Arnold a los británicos. Townsend llevaba sus informes a un tabernero llamado Austin Roe. Éste, a su vez, los remitía a la granja de Woodhull. Finalmente, uno de los correos de Woodhull enviaba la información a Washington.

Los mensajes le proporcionaban al general los movimientos diarios de las tropas de Clinton. De esta forma, Washington se situaba un paso por delante del ejército británico, pues una confrontación directa con las fuerzas de Clinton habría acabado con el precario ejército de los revolucionarios. La información resultó ser de un valor incalculable.

Washington sabía exactamente cuáles eran las acciones y los planes de los británicos. Un ejemplo de cómo podía utilizarse este tipo de información lo constituye la llegada de tropas francesas en 1780. Para entonces, los muchos esfuerzos realizados por Benjamin Franklin con el fin de conseguir ayuda para la causa americana habían dado sus frutos. Cuando el ejército francés llegó a Newport, Rhode Island, las tropas de Clinton se dispusieron a atacar a los franceses antes de que éstos pudiesen unirse al ejército de Washington.

El círculo de espías de Culver entró en acción. Descubrieron que los británicos se disponían a invadir Newport e informaron de ello a Washington, quien decidió desviar la atención de los británicos preparando una invasión de Manhattan. Esta noticia llegó a oídos británicos, pues ellos también tenían sus espías, y Clinton decidió cancelar el ataque. Esta corriente de desinformación constituyó un punto de inflexión fundamental en la guerra. Los británicos habían sido engañados y las fuerzas de Francia y el ejército de Washington pudieron unirse. Entre ambos ejércitos consiguieron derrotar a los británicos, y las colonias conquistaron su independencia. Durante toda la revolución, las colonias fueron capaces de reunir información que resultó crucial para la victoria americana.

Con la creación de los Estados Unidos de América da comienzo una nueva era en cuanto a política, tributación, ciencia, libertad religiosa y aceptación multicultural. América se convirtió en el crisol del mundo, donde lo mejor de todas las sociedades, razas, credos y filosofías acudía en busca de la edad de oro predicha en los textos de la Antigüedad. Estados Unidos se hizo fuerte porque recibió con los brazos abiertos a todas las personas, todas las ideas, todas las religiones (excepto las intolerantes y violentas), y sobre todo a todas las personas deseosas de una vida mejor y de un estilo de vida idealista y espiritual. Con esta inocencia e ingenuidad entraron en escena los Estados Unidos de América.

Los «piratas» masónicos de la Revolución

Al haber pasado ya cientos de años desde la Revolución americana, historiadores de todo el mundo la han analizado y han escrito sobre ella. Este asombroso acontecimiento, tan alentador para los pueblos oprimidos de todo el mundo, preparó el terreno para otras revoluciones futuras –cuyos resultados no serían tan satisfactorios ni estarían tan bien concebidos.

La Corona británica contaba con muchas ventajas, pero los americanos no carecían de puntos fuertes; por ejemplo, podían hacer uso de una enorme reserva de hombres. En su mayoría, los hombres preferían alistamientos cortos, y muchos de los alistados sólo lo estaban durante unas semanas o meses, pero se empleaban a fondo: los cálculos más precisos señalan que más de 200.000 hombres participaron en el bando patriota. No era inusual que Washington padeciese escasez de zapatos y pólvora, pero raramente les faltaban hombres a él y a otros mandos cuando más los necesitaban, aunque hubo ocasiones en que los líderes americanos tuvieron que enrolar en el ejército a esclavos, criminales indultados, desertores británicos y prisioneros de guerra. Además, los americanos poseían armas de fuego, y sabían utilizarlas.

Si bien es cierto que el ejército de las colonias ganó pocas batallas, también lo es que luchó razonablemente bien y que causó grandes bajas al enemigo, que no podía conseguir refuerzos fácilmente. Aunque sólo Washington y el general de división Nathanael Greene fuesen mandos excepcionales, muchos otros eran seguros y fiables, incluidos Henry Knox, Benjamin Lincoln, Anthony Wayne, Daniel Morgan, el barón Von Steuben, el marqués de Lafayette y Benedict Arnold –este último antes de pasarse al enemigo en 1780. Todos estos hombres eran masones, Arnold incluido.

Los americanos le sacaban una gran ventaja al enemigo por tierra, pues no contaban con ningún centro estratégico neurálgico susceptible de ser atacado. Para los británicos debía de resultar desalentador tomar en un momento u otro todos los centros urbanos americanos y aun así no obtener de ello ningún provecho más allá de la mera posesión de territorio. Los británicos se habían embarcado en una guerra a casi 5.000 kilómetros de Europa contra una población armada que se extendía a lo largo de cientos de kilómetros, desde el Atlántico hasta el Misisipí, desde Maine hasta Georgia. La tierra estaba plagada de bosques, barrancos y pantanos, y atravesada por innumerables arroyos y ríos.

La única ventaja real de las fuerzas británicas sobre las de las colonias era la de contar con un poderío naval abrumador. Antes se decía que el país que poseyese la marina de guerra más grande dominaría el mundo, y durante la Revolución americana ese país era Gran Bretaña. Para hacer frente a la superioridad naval de los británicos, los americanos recurrieron a los piratas. La flota perdida de los templarios pasaría a utilizarse contra el rey de Inglaterra para construir un nuevo mundo, de manera muy similar a como los templarios habían contribuido a crear a una Escocia independiente frente a los ingleses en el pasado.

El General Lafayette.

Los británicos tenían que esperar lo que parecía una eternidad —de seis a doce semanas— para que las órdenes con los planes de campaña llegasen desde Londres hasta los mandos en el campo de batalla, para que llegasen las provisiones y para que los escuadrones navales apareciesen a tiempo para colaborar con las fuerzas terrestres. La amplitud de la contienda también reducía la eficacia de la Armada Real a la hora de efectuar un bloqueo a lo largo de la extensa costa americana.

La costa de Nueva Inglaterra, por sí sola, ya era un territorio inmenso para que la armada británica lo patrullase; se podían dejar provisiones en demasiados ríos, bahías y ensenadas. Tampoco podían los británicos emplear sus veloces fragatas y formidables buques de guerra (los acorazados del siglo XVIII) contra la flota americana; tal flota no existía. La república en ciernes no contaba con una armada oficial.

La armada revolucionaria que entró en combate contra el poderoso almirantazgo británico durante la guerra era una flota masónico-templario-pirata que decidió medirse con los barcos británicos en combates navales de uno contra uno en los que ambos navíos hacían uso de sus cañones laterales.

Los patriotas se hacían a la mar en barcos individuales, ya se tratase de naves corsarias o de navíos puestos en servicio por el Congreso. Debemos tener en cuenta que, al no tratarse el Congreso continental de un gobierno reconocido, a menudo incluso los barcos puestos en servicio por éste eran considerados piratas. Por consiguiente, podemos reducir la guerra naval entre Gran Bretaña y América a una historia de duelos de naves individuales entre piratas y buques de guerra británicos.

El triunfo de John Paul Jones al mando del *Bonhomme Richard* sobre el *Serapis* en el mar del Norte en 1779 fue el más famoso de dichos encuentros. John Paul Jones pasaría a la Historia como el padre de la armada americana y como un héroe de la Revolución —y era pirata, corsario, filibustero y masón del Rito Libre Escocés.

Nacido el 6 de julio de 1747, hijo de un jardinero escocés, su nombre completo era originalmente John Paul. A los doce años se enroló en la marina mercante británica. Navegó a bordo de buques mercantes y barcos negreros, y asumió el mando de un barco por primera vez en 1769.

En 1773, en un desafortunado incidente, mató a un miembro amotinado de su tripulación. En la isla caribeña de Tobago, donde su barco *Betsy* finalizaba su viaje de ida, John Paul decidió invertir dinero en cargamento para el viaje de vuelta en lugar de pagar a su tripulación para su permiso en tierra. Un marinero, conocido como «el cabecilla», intentó desembarcar sin su permiso. John Paul desenvainó su espada para hacer cumplir sus órdenes, pero el hombre atacó a su capitán con una cachiporra. En respuesta al ataque, John Paul lo atravesó con su espada. Acto seguido desembarcó para entregarse, pero la muerte del cabecilla había caldeado tanto los ánimos que sus amigos lo convencieron para que escapara a Virginia de inmediato. Desde ese momento, los británicos lo consideraron un pirata. Como fugitivo de la justicia británica, intentó ocultar su identidad adoptando el apellido Jones.

Tras el estallido de la guerra contra Gran Bretaña en 1775, John Paul Jones se dirigió a Filadelfia y, con la ayuda de dos amigos miembros del Congreso continental, obtuvo un nombramiento de alférez de navío en la armada de las colonias.

El 3 de diciembre de 1775, como primer alférez de navío en el *Alfred,* izó la bandera de la Gran Unión por primera vez en un buque de guerra de las colonias. En febrero de 1776 participó en el ataque a Nassau, en la isla de Nueva Providencia. Jones fue nombrado capitán de la corbeta *Providence* el 10 de mayo de 1776; su nombramiento como capitán de la armada de las colonias tiene fecha del 8 de agosto de 1776. En su primera aventura como capitán destruyó las pesquerías británicas de Nueva Escocia y capturó dieciséis barcos británicos. La corbeta de doce cañones zarpó hacia los cabos de Delaware el 21 de agosto. En una semana había capturado al bergantín ballenero *Britannia*.

Cerca de las Bermudas, la corbeta cayó sobre un convoy escoltado por la fragata de veintiocho cañones *Solebay*.

En una emocionante persecución que duró diez horas, Jones salvó a la *Providence* del otro barco de guerra, de mayor tamaño, poniendo en práctica su habilidad como navegante. El 22 de septiembre ya había capturado tres buques mercantes británicos. Mientras permanecía anclado, quemó una goleta pesquera inglesa, hundió otra y capturó una tercera.

Huelga decir que Jones estaba en racha. Posteriormente declararía que su mejor tripulación había sido la de la *Providence*. Había recibido buenas recompensas económicas por las capturas, lo que convertía a aquella empresa en la más satisfactoria de su carrera.

En noviembre de 1777, John Paul Jones zarpó rumbo a Francia en el *Ranger,* llevando la noticia de la rendición de Burgoyne en Saratoga. El almirante La Motte-Picquet le devolvió el saludo en la bahía de Quiberon el 14 de febrero de 1778, momento que se considera el primero en el que una potencia extranjera reconocía la bandera de las barras y estrellas. Durante aquella primavera aterrorizó a la población costera de Escocia e Inglaterra, realizando osadas incursiones en tierra. Posteriormente, el *Ranger* capturó la corbeta británica *Drake* frente a la costa de Irlanda el 24 de abril, y saqueó la costa británica.

Con su reputación en muy alta estima en París, Jones recibió del gobierno francés un buque mercante francés reconvertido, el *Duras,* que él rebautizó como *Bonhomme Richard* («Pobre Richard») en honor a Benjamin Franklin. Franklin también era masón, y la influencia de los masones franceses en la fundación de Estados Unidos fue considerable.

Tras hacerse a la mar desde Francia encabezando una pequeña escuadra el 14 de agosto de 1779, Jones capturó diecisiete buques mercantes frente a las costas británicas, y el 23 de septiembre se encontró con un convoy de buques mercantes británicos escoltados por el *Serapis* y el *Countess of Scarborough* frente a Flamborough Head, Yorkshire. Estaba a punto de comenzar una de las batallas navales más emocionantes de todos los tiempos. El *Serapis* era un

John Paul Jones ataca al *Serapis* con cañonazos de costado.

barco superior al *Bonhomme Richard*. Era más rápido, más ágil y llevaba un número muy superior de cañones de dieciocho libras. Los dos barcos dispararon simultáneamente. A la primera o segunda andanada, dos de los cañones de Jones estallaron. Causaron la muerte a muchos artilleros, echaron a perder toda la batería y volaron, además, la cubierta superior. Tras intercambiar dos o tres andanadas e intentar hundir la proa y la popa del *Serapis,* el comodoro decidió que tenía que realizar un abordaje y luchar cuerpo a cuerpo, ya que un duelo de cañones parecía inútil.

Pearson, el capitán del *Serapis,* repelió a quienes habían abordado su barco, e intentó atravesar la proa del *Richard* para hundirlo. Durante esta fase de la cruenta batalla, Pearson, viendo los grandes destrozos producidos a bordo del *Bonhomme Richard*, preguntó si el barco americano estaba incapacitado para navegar.

Aunque su navío, de inferior tamaño, estaba ardiendo y hundiéndose, Jones rechazó la petición británica de rendición: «Aún no he empezado a luchar», declaró. Su inmortal respuesta sirvió como un grito de ánimo para la tripulación.

Jones confió a sus hombres la tarea de limpiar de adversarios la cubierta del barco enemigo. Con las bocas de sus cañones tocándose, los dos buques continuaron disparando al interior del contrario.

Entonces, para gran asombro de Jones, el *Alliance,* con el francés Pierre Landais al mando, disparó tres andanadas sobre el *Bonhomme Richard*. En esta acalorada batalla entre piratas y lores británicos —casi todos los oficiales de la armada inglesa lo eran—, ¿se había vuelto en su contra su aliado francés? Posteriormente, Landais declaró que quería ayudar al *Serapis* a hundir el *Bonhomme Richard,* y después capturar la fragata británica.

Aunque su barco había comenzado a hundirse, Jones tomó la decisión de no arriar bandera. La batalla siguió su curso, con los cañones de ambos barcos disparándose a quemarropa. Jones utilizó los cañones que le quedaban para debilitar el palo mayor del *Serapis,* que empezó a temblar. Más de tres horas después de haber comenzado la cruenta batalla, Pearson perdió los nervios y decidió arriar bandera. Increíblemente, Jones había triunfado.

John Paul Jones, pirata fundador de la armada estadounidense.

Cuando el castigado *Bonhomme Richard* se hundió el 25 de septiembre, Jones se vio obligado a trasladarse al *Serapis*. Fue una importante victoria para la incipiente armada americana, y la noticia de la victoria produjo desánimo en Inglaterra y dio grandes esperanzas a los revolucionarios masónicos. El Congreso aprobó una resolución de agradecimiento a Jones, y Luis XVI le obsequió con una espada.

Aunque tanto en París como en Filadelfia se le aclamaba como un héroe, Jones se encontró con una rivalidad política tan fuerte en su país que jamás volvió a ostentar un cargo importante en la armada americana. En 1788, la emperatriz rusa Catalina II la Grande lo nombró contraalmirante de la armada rusa, y tuvo un papel destacado en la campaña del mar Negro contra los turcos otomanos. La envidia y las intrigas políticas entre sus rivales rusos impidieron que recibiera el reconocimiento que merecía por sus éxitos y le llevaron a despedirse.

En 1790 se retiró y se trasladó a vivir a París. En 1792 fue nombrado cónsul de Estados Unidos en Argel, pero el 18 de julio de ese año murió antes de que se hiciese efectivo su nombramiento. Fue enterrado en París, pero en 1905 se exhumaron sus restos y se trasladaron a Estados Unidos, donde en

1913 fueron finalmente depositados en la capilla de la Academia Naval de los Estados Unidos en Annapolis, Maryland. Aquel pirata escocés masónico había pasado a ser considerado el fundador de la armada americana.

John Paul Jones ataca al *Serapis* con cañonazos de costado.
(Según otra versión)

El legado de John Paul Jones

LA MAYORÍA DE LAS HISTORIAS SOBRE JONES y su participación en la armada estadounidense se centran en su habilidad para la navegación y en su valor en situaciones de peligro, pero no tanto en el carácter tan fuerte que al parecer tenía. La visión de Jones como alguien honorable que tienen americanos y franceses contrasta con las imágenes de piratería que de él ofrecen los británicos.

Rudyard Kipling habló de las «hazañas» de Jones, «un pirata americano», sir Winston Churchill lo llamó «filibustero», pero Theodore Roosevelt se refirió a él como un «osado corsario».

Jones ni tenía patente de corso ni se dedicaba a la piratería según la estricta definición del término, ya que contaba con un nombramiento del Congreso continental. Pero cuando atacaba barcos británicos al comienzo de la guerra, éstos probablemente lo consideraran un corsario o un pirata cualquiera, no el almirante de una armada respetable. Divierte observar cómo los británicos acabaron comprendiendo que Jones no era técnicamente un «pirata», lo que impulsó a alguien a tachar en el catálogo de la British Library la entrada de John Paul Jones como «el pirata» y sustituirla por «almirante de la armada rusa».

Los críticos de John Paul Jones declaran que su conducta era cuestionable, debido a que su popularidad con las mujeres le llevó a tener muchas amantes y, además, que no actuaba bien en equipo, pues desdeñaba los esfuerzos navales de los demás como insuficientes comparados con sus brillantes logros. Probablemente fuese su arrogancia lo que le impidió ascender en las armadas americana y rusa, pero sus logros no se pueden negar.

Además de contar con una brillante carrera naval, John Paul Jones escribió durante toda su vida para elevar la calidad, la formación y el protocolo navales profesionales. Durante generaciones, a los cadetes de las academias navales se les ha exigido memorizar sus máximas, en las que se resumen los requisitos y los deberes de un oficial de marina:

Nadie sino un caballero, además de marino, tanto en la teoría como en la práctica, está capacitado para mantener el perfil de un oficial de la armada, y tampoco es apto para mandar un buque de guerra ningún hombre que no sea también capaz de comunicar sus ideas sobre el papel en un lenguaje a la altura de su rango.

John Paul Jones al Comité Naval, 21 de enero de 1777.

Ya sabéis que la reputación del servicio depende no sólo de tratar con justicia a los hombres empleados en él, sino de la creencia de éstos en que se les trata y se les tratará con justicia.

John Paul Jones a Joseph Hewes, 30 de octubre de 1777.

La réplica francesa y masónica de Washington: el general Lafayette

OTRA IMPORTANTE FIGURA MASÓNICA EN LA REVOLUCIÓN AMERICANA fue el general francés marqués de Lafayette. Considerado el héroe de dos mundos, desempeñó un papel destacado tanto en la Revolución americana como en la francesa. Nacido el 6 de septiembre de 1757 en el seno de una familia noble de la Auvernia, desafió a las autoridades francesas en 1777 cruzando el Atlántico para ofrecer sus servicios al Congreso continental con sede en Filadelfia. Lafayette era un conocido masón, y aunque nunca fue oficialmente un ciudadano americano se le dedica un capítulo en el libro Masonic membership of the founding fathers.82

Fue amigo de George Washington, quien se convirtió en su modelo, y sirvió a sus órdenes en la Batalla de Brandywine y en Valley Forge. En 1779 viajó a Francia para acelerar el envío de un ejército francés, pero regresó para destacarse de nuevo en la batalla de Yorktown en 1781. Valeroso en la batalla e inquebrantable ante la adversidad, Lafayette se ganó una popularidad duradera en América, y su fama contribuyó en gran medida a hacer aceptables en Europa los ideales liberales.

El *Bonhomme Richard*.

Emblema masónico de Stephen Decatur.

Cuando aumentó el descontento en Francia durante el reinado de Luis XVI, Lafayette abogó por el establecimiento de una monarquía parlamentaria (similar a la que existía en Inglaterra), y representó a la nobleza de la Auvernia en los Estados Generales de 1789. Fue designado diputado y propuso una Declaración de Derechos ejemplar. Elegido comandante de la Guardia Nacional el 15 de julio de 1789, apareció valientemente con sus tropas en la Fiesta de la Federación el 14 de julio de 1790 para celebrar la madurez de una comunidad libre y unida. Sin embargo, Lafayette fue incapaz de cumplir la promesa de su juventud. Aunque estaba inspirado por los ideales y el éxito de la Revolución americana, y tenía un enorme potencial como mediador, no contaba con planes políticos realistas ni con la flexibilidad para apoyar al más práctico conde de Mirabeau. Situado en un terreno intermedio, la corte lo rechazaba como a un aristócrata renegado cuyo ejército burgués era incapaz de proteger a la familia real, y el populacho también lo odiaba por tratar de reprimir el desorden, especialmente tras haber abierto fuego sobre el gentío en París en julio de 1791.

En 1792, Lafayette pasó a ser comandante del ejército tras la declaración de guerra contra Austria, pero fue destituido con la subida al poder de los jacobinos. Fue capturado por los austríacos y entregado a los prusianos, quienes lo encarcelaron en el acto como un peligroso revolucionario. Liberado en 1797 ante la insistencia de Napoleón, se le permitió volver a Francia en 1799. En 1815 fue uno de los que pidieron la abdicación de Napoleón. Republicano de corazón, nunca pudo dar su apoyo total a la sustitución de una monarquía por un imperio.

En 1824, Lafayette realizó una gira triunfal por Estados Unidos. Para entonces, su finca parisina de La Grange se había convertido en lugar de peregrinación para los liberales de todo el mundo. Cuando estalló la Revolución de 1830, volvió a ser llamado para ponerse al mando de la Guardia Nacional Francesa, para así intentar identificar la monarquía de Luis Felipe con los idea les de 1789. Murió en París el 20 de mayo de 1834, y su nombre sigue siendo sinónimo de libertad, en un sentido un tanto pirata.

Los corsarios y la Guerra de 1812

Los recién creados Estados Unidos de América no tardarían en volver a embarcarse en una guerra naval contra una peculiar combinación de enemigos —unos piratas del norte de África y el ejército británico—. A medida que la emergente nación pugnaba por conseguir el reconocimiento internacional y desarrollar un comercio marítimo fueron apareciendo obstáculos procedentes tanto del continente africano como del europeo. En primer lugar hablaremos de la Guerra de 1812, en la que los americanos volvieron a contar con la ayuda de corsarios y de capitanes de barco masónicos.

La Guerra de 1812 se libró entre Estados Unidos y Gran Bretaña desde junio de 1812 hasta la primavera de 1815, aunque el tratado de paz que puso fin a la guerra se firmó en Europa en diciembre de 1814. Los principales combates entre fuerzas terrestres se produjeron a lo largo de la frontera canadiense, en la región de la bahía de Chesapeake, y a lo largo del golfo de México. También se produjeron numerosos combates en el mar, y los piratas que luchaban a favor del bando americano constituyeron una importante ayuda.

Desde el final de la Revolución americana en 1783, los Estados Unidos se sentían molestos por el hecho de que los británicos no se hubiesen retirado del territorio americano en la zona de los Grandes Lagos, por su apoyo a los indios en las fronteras del país y por su negativa a firmar acuerdos comerciales favorables a Estados Unidos. El resentimiento americano aumentó durante las guerras revolucionarias francesas (1792-1802) y las guerras napoleónicas (1803-1815), en las que Gran Bretaña y Francia fueron los principales combatientes.

Con el tiempo, Francia llegó a dominar gran parte del continente europeo, mientras que Gran Bretaña seguía conservando su hegemonía marítima. Ambas potencias también se enfrentaron en términos comerciales: Gran Bretaña intentó imponer un bloqueo al continente europeo, mientras que Francia quiso impedir la venta de productos británicos en las posesiones francesas.

Unas Órdenes Británicas de 1807 intentaron canalizar todo el comercio neutral hacia la Europa continental a través de Gran Bretaña. Francia, a su vez, mediante los decretos de Berlín y Milán de 1806 y 1807 imponía un bloqueo sobre Gran Bretaña y condenaba todo transporte neutral que obedeciese a reglamentaciones británicas. Desde Estados Unidos se pensaba que ambas naciones estaban violando sus derechos sobre los mares como país neutral, pero las políticas marítimas británicas generaban un mayor resentimiento, pues Gran Bretaña seguía dominando los mares. Además, los británicos reclamaban su derecho a reclutar de los barcos mercantes americanos a cualquier marinero británico que sirviese en ellos. Con frecuencia también reclutaban a americanos. Esta práctica de reclutamiento se convirtió en un importante motivo de agravio.

En un primer momento, Estados Unidos intentó cambiar las políticas de las potencias europeas a través de medidas económicas. En 1807, después de que el barco británico *Leopard* disparase sobre la fragata americana *Chesapeake,* el presidente Thomas Jefferson instó al Congreso a que aprobase un decreto de embargo que prohibía a todos los barcos americanos el comercio con el extranjero. El embargo, en lugar de modificar las políticas británicas y francesas, lo único que consiguió fue hundir la industria naviera de Nueva Inglaterra y que se produjese un aumento del transporte marítimo ilegal.

Tras haber fracasado en sus intentos pacíficos, y debiendo hacer frente a una apremiante crisis económica, algunos americanos comenzaron a abogar por una declaración de guerra para recuperar el honor nacional. El Congreso elegido en 1810 y que se reunió en noviembre de 1811 incluía a un grupo conocido como los «halcones de la guerra» que exigía una declaración de guerra contra Gran Bretaña.

Éstos sostenían que era posible salvar el honor americano y cambiar las políticas británicas mediante una invasión de Canadá. El Partido Federalista, que representaba a los cargadores de Nueva Inglaterra —quienes preveían la ruina de su industria—, se oponía a la guerra. Al anuncio de Napoleón, en 1810, de la revocación de sus decretos, le sucedió la negativa británica a anular sus órdenes, con lo cual aumentaron las presiones para una declaración de guerra. El 18 de junio de 1812, el Presidente James Madison firmó una declaración de guerra que el Congreso —donde se encontró con una fuerte oposición— aprobó a petición suya. Los americanos no sabían que Gran Bretaña había anunciado dos días antes que revocaría sus órdenes.

Las fuerzas estadounidenses no estaban preparadas para la guerra, y sus esperanzas de conquistar Canadá se vinieron abajo en las campañas de 1812 y 1813. El plan inicial requería una ofensiva sobre tres frentes: desde el lago Champlain hasta Montreal, a través de la frontera del Niágara y sobre el norte de Canadá desde Detroit. Sin embargo, los ataques estaban descoordinados y fracasaron todos. En el oeste, el general William Hull entregó Detroit a los británicos en agosto de 1812; en el frente del Niágara, las tropas americanas perdieron la batalla de Queenston Heights en octubre; y a lo largo del lago Champlain las fuerzas americanas se retiraron a finales de noviembre sin haber entablado ningún combate significativo con el enemigo.

Las fragatas americanas vencieron a unas cuantas británicas en combates individuales, y los corsarios americanos no cesaron en su acoso a los barcos británicos. Los capitanes y la tripulación de las fragatas *Constitution* y *United States* se hicieron célebres por toda América. Mientras tanto, los británicos establecieron un bloqueo cada vez más férreo en torno a las costas americanas que llevó a la ruina al comercio americano, supuso una amenaza para la economía y expuso a todo el litoral a los ataques británicos.

Los intentos americanos de invadir Canadá en 1813 volvieron a fracasar. A lo largo del río Niágara se produjeron escaramuzas que acabaron en tablas, y a finales de año fracasó un elaborado plan de ataque a Montreal mediante una operación combinada: una fuerza debía avanzar a lo largo del lago Champlain mientras que otra descendería por el río San Lorenzo desde el lago Ontario.

Los americanos se hicieron con el control de la región fronteriza de Detroit cuando los barcos de Oliver Hazard Perry vencieron a la flota británica en el lago Erie (10 de septiembre de 1813). Esta victoria obligó a las fuerzas terrestres británicas a retirarse hacia el este desde la región de Detroit, y el 5 de octubre de 1813 fueron alcanzadas y derrotadas en la batalla del Támesis (también conocida como batalla de Moraviantown) por un ejército americano a las órdenes del general William Henry Harrison. En esta batalla, el gran jefe shawnee Tecumseh, que venía hostigando la frontera noroccidental desde 1811, murió mientras combatía a favor del bando británico.

En 1814 Estados Unidos se exponía a una derrota total, pues los británicos, tras haber derrotado a Napoleón en Europa, comenzaron a transferir grandes cantidades de barcos y de tropas experimentadas a América. Los británicos planeaban atacar el país desde tres puntos: Nueva York, desde el lago Champlain y el río Hudson, con el objetivo de dejar a Nueva Inglaterra aislada de la Unión; Nueva Orleans, para así bloquear el Misisipí; y la bahía de Chesapeake, como maniobra de distracción.

A finales del verano de 1814 los británicos parecían estar a un paso del triunfo. La resistencia americana al ataque de distracción en la bahía de Chesapeake había sido tan débil que los británicos, tras ganar la batalla de Bladensburg el 24 de agosto, marcharon sobre Washington y quemaron la mayoría de los edificios públicos. El presidente Madison tuvo que refugiarse en la campiña.

Los británicos atacaron Baltimore, pero allí se encontraron con una mayor resistencia y se vieron obligados a retirarse tras la defensa americana del fuerte McHenry (que le inspiró a Francis Scott Key la letra del actual himno nacional estadounidense).

Por el norte, unos 10.000 veteranos británicos avanzaron hacia Estados Unidos desde Montreal. Sólo un debilitado ejército americano se interponía entre ellos y la ciudad de Nueva York, pero el 11 de septiembre de 1814, el capitán americano Thomas Macdonough venció en la batalla naval del lago Champlain, donde la flota británica resultó destruida. Temiendo la posibilidad de que la línea de comunicaciones quedase cortada, el ejército británico se replegó hacia Canadá.

Cuando las noticias del fracaso del ataque en el lago Champlain llegaron a oídos de los negociadores de paz británicos en Gante (Bélgica), éstos decidieron renunciar a sus exigencias territoriales. Estados Unidos, aunque en un principio esperaba que Gran Bretaña reconociese los derechos neutrales americanos, se tuvo que contentar con acabar la guerra sin pérdidas importantes. El Tratado de Gante, firmado por ambas potencias el 24 de diciembre de 1814, mantenía, a grandes rasgos, las condiciones existentes al comienzo de la guerra.

Debido a la imposibilidad de comunicarse con rapidez a través del Atlántico, el ataque británico sobre Nueva Orleans siguió adelante tal como estaba planeado —aunque oficialmente la guerra hubiese acabado—, y durante unos meses siguieron produciéndose combates navales aislados.

Cierto pirata francés llamado Jean Lafitte (c. 1780-c. 1826), corsario y contrabandista de Luisiana, desempeñó un papel fundamental en esta batalla. Hacia 1810 él y sus hombres se establecieron en la zona de la bahía de Barataria, cerca de Nueva Orleans, y se dedicaron a atacar a los barcos españoles en el golfo de México. En 1814 los británicos intentaron comprar la ayuda de Lafitte para atacar Nueva Orleans. Él, sin embargo, informó a los americanos de los planes británicos, y ayudó a Andrew Jackson a defender la ciudad en enero de 1815. Posteriormente, Lafitte retomó sus actividades de corsario.

La victoria decisiva de Andrew Jackson en Nueva Orleans causó más de dos mil bajas en el bando británico, mientras que los americanos sufrieron menos de cien. Debido al retraso en las comunicaciones, la firma del tratado de paz quedó asociada a la victoria de Jackson en Nueva Orleans. Esto convenció a muchos americanos de que la guerra había acabado de manera triunfal, y un sentimiento nacionalista se apoderó del país en los años posteriores a la guerra.

Los Estados berberiscos y la utopía pirata

EN LOS AÑOS INMEDIATAMENTE ANTERIORES A LA GUERRA DE 1812 tuvo lugar un curioso episodio de la historia de América y del África septentrional:

Estados Unidos se embarcó en una guerra contra los Estados piratas del norte de África.

Berbería es el antiguo nombre de la región costera del norte de África que se extiende desde el océano Atlántico hasta Egipto y que comprende los actuales países de Marruecos, Argelia, Túnez y Libia. El nombre deriva de los bereberes, los habitantes más antiguos de la región de los que se tiene noticia.

En la Antigüedad ciertas zonas de la región fueron colonizadas por los fenicios, amos del Mediterráneo Oriental, aunque más tarde crearon la poderosa colonia de Cartago al oeste, en lo que hoy es Túnez. Se dice que la piratería norteafricana se remonta a la época de los fenicios. Los romanos entablaron tres guerras* con la ciudad-estado de Cartago, y a mediados del siglo I d.C. la zona estaba ya en manos romanas, lo cual les permitió dominar todo el Mediterráneo. Los vándalos la invadieron en el siglo V, aunque fue brevemente recuperada (533-534) por el Imperio Bizantino hasta volver a ser invadida por los musulmanes en el siglo VII.

En el siglo XVI, los principados árabes del norte de África cayeron bajo el dominio simbólico del Imperio Otomano. En realidad fueron conquistados para Turquía por un corsario –o pirata– conocido como Jayr al Din Barbarroja (c. 1483-1546) para impedir que cayesen en manos de la España cristiana. Barbarroja y su hermano Aruy (c. 1474-1518) eran los más famosos de una gran banda de corsarios que operaba en la región. A las órdenes del Imperio Otomano, estos corsarios, al igual que la armada cartaginesa siglos antes que ellos, hostigaban a todos los barcos católicos romanos con los que se encontraban. Los hermanos Barbarroja arrebataron Argel a los españoles en 1518 y pusieron Argelia bajo la soberanía turca. Como almirante de la flota turco-berebere, Jayr al Din derrotó en dos ocasiones al almirante genovés Andrea Doria, una vez en Túnez y otra en Argel. A los hermanos se les tenía gran temor a lo largo de las rutas de navegación en torno a Malta y Sicilia –la zona en la que probablemente se izase por primera vez la *Jolly Roger*. En Europa, ante la simple mención del nombre de Barbarroja, «los hombres proferían juramentos, y las mujeres se santiguaban».[32]

La costa de Berbería se convirtió en base de operaciones para la piratería contra la navegación europea en el Mediterráneo. El botín –y el tributo que

HORUSCE en HAREADEN BARBAROSSA

Los hermanos Barbarroja.

había que pagar para obtener inmunidad frente a los ataques– era la principal fuente de ingresos para los gobernantes locales. Europa, y aun América, comenzaban a estabilizarse tras cientos de años de guerras religiosas, piratería, revoluciones y progresos tecnológicos; ya no había lugar para los piratas ni para sus actos «bárbaros» —a menudo exagerados.

Pero ¿cómo surgieron estos Estados piratas? En su libro *Pirate utopias*[32] el escritor *beat* Peter Lamborn Wilson sostiene que dichos Estados eran comunidades utópicas. Wilson ha escrito sobre el sufismo y sobre los hashashins, y en su libro intenta demostrar que las utopías piratas y otras «comunidades insurrectas», como él las denomina, tienen su origen en la cultura pirata.

En el libro se centra en el logro más impresionante de los corsarios, la independiente «república pirata de Salé». En su relato aparecen marineros europeos que se convierten al Islam durante su estancia en el norte de África, en su mayoría «piratas» que pasaban a denominarse «renegados» y, en última instancia, «corsarios».

En opinión de Wilson, la república pirata de Salé fue la utopía pirata más importante de todas, y llegó a obtener el reconocimiento de las potencias europeas durante un breve período de tiempo. Salé es un pequeño puerto situado al norte de Rabat, en lo que hoy en día es Marruecos, en la costa africana al oeste del estrecho de Gibraltar. Desde Salé los corsarios, también conocidos como «piratas de Salé», aterrorizaban a los barcos que navegaban entre el Atlántico y el Mediterráneo.

Wilson describe así el final de esta «utopía pirata»:

Quizá la República de Bou Regreg perdiese parte de su autonomía bajo el régimen de la dinastía saadiana, pero tal vez ganase —por fin— cierta paz y equilibrio bajo el sultanato de la orden sufí. En todo caso, las dos últimas décadas de la triple República fueron las más doradas de su historia, al menos en cuanto a piratería se refiere. Por fin libres de guerras de aniquilación mutua, las tres ciudades-estado pudieron volcar toda su hostilidad hacia el exterior en la guerra santa corsaria. Además, si las repúblicas corsarias en su forma más pura (1614-1640) fueron únicas como entidades políticas, sólo podemos emplear un pleonasmo como *más único* para describir el régimen de condominio de corsarios y sufíes que se extendió desde 1640 a 1660. Resulta difícil de imaginar —y, en efecto, era demasiado bonito para durar. El poder de los saadianos y de su jefe en Salé —Sidi Abdalá, el «príncipe de Salé»— se fue volviendo cada vez más opresivo para andalusíes y piratas. Éstos comenzaron a buscar algún medio de restaurar su estado original de independencia total, que para entonces había adquirido ya el aura de una tradición antigua y venerada.

Mientras tanto (...) un discípulo del morabito martirizado Al Ayashi, un árabe de Larache (y por consiguiente enemigo de los bereberes saadianos, esos «animales descamisados», como los llamó cierto historiador islámico; «bestias sin freno, salvo por la embriaguez o el terror», en palabras de otro —con los prejuicios típicos de los árabes de las ciudades), se levantó en armas y fundó su propio reino en el norte. A los andalusíes de Rabat les pareció aquel hombre, llamado Ghailan, un posible salvador. Se sublevaron, y sitiaron al «Príncipe» Abdalá en la casbah. El señor saadiano Al Hajj envió un ejército para liberar a su hijo, pero fue derrotado por Ghailan en junio de 1660. Sin embargo, Abdalá resistió valientemente en la casbah durante un año más, ayudado por un cargamento de provisiones enviado por el gobernador inglés de Tánger. Finalmente, en junio de 1661, se le acabaron las provisiones y tuvo que entregar el castillo.

Para entonces los andalusíes habían acumulado tanta desconfianza hacia Ghailan como descontento habían sentido antes hacia los saadianos —más, en realidad. Pese a haber acabado de expulsar a los saadianos de la ciudad, decidieron profesar una lealtad renovada al régimen con el fin de apartar del poder a Ghailan —por temor a que éste resultase ser peor señor. Durante cuatro años se resistieron, pero acabaron capitulando ante Ghailan en 1664 y accedieron a pagarle el odioso diez por ciento.

Finalmente, en 1668, los últimos vestigios de la libertad de Salé fueron aniquilados con la subida al poder de la dinastía alauí en la persona del sultán Mulay Rashid, quien consiguió reunificar todo el país por primera vez desde 1603. El sultán alauí no tenía intención de poner fin a la muy lucrativa guerra santa de Bou Regreg contra Europa, y a los corsarios les prometió su protección. De este modo, aunque la República había desaparecido, la piratería sobrevivió durante algún tiempo. Por desgracia, los alauíes eran codiciosos, y poco a poco aumentaron el «pellizco» del diez por ciento a bastante más de la mitad. Los corsarios acabaron por comprender que ya no era posible obtener unos beneficios decentes. Los piratas morunos se quedaron para convertirse en capitanes de la «armada» del sultán, y quizá algunos de los renegados hiciesen lo mismo. Otros, quizá, se sintiesen tentados de continuar, trasladándose al Caribe o a Madagascar, donde el movimiento pirata comenzaba a florecer. Con la defunción de la República perdemos de vista a nuestros renegados.[32]

Salé, Argel, Trípoli y Túnez fueron todas bases de operaciones para los corsarios, un grupo de piratas que, al igual que la flota perdida de los templarios, no mantenían una relación especialmente buena con el Vaticano y sus aliados de la costa norte del Mediterráneo. En realidad, los corsarios no se llevaban bien con los barcos procedentes de ninguna nación cristiana.

Thomas Jefferson, Stephen Decatur y los corsarios

EN 1801 LA RECIENTEMENTE INDEPENDIENTE NACIÓN ESTADOUNIDENSE, cuyos barcos también habían sido atacados, se embarcó en la Guerra de Trípoli (1801-1805) contra el Estado utópico de los corsarios. En esencia, la Guerra de Trípoli obedeció a la voluntad estadounidense de poner fin a las extorsiones llevadas a cabo por los piratas de la costa de Berbería. La joven república templaria y masona envió su flota de corsarios al norte de África para combatir contra otros piratas. En una situación similar a la del capitán Kidd, donde él era el corsario encargado de cazar piratas, también era la armada estadounidense un grupo de bucaneros con reservas de carne seca y alfanjes listos para medirse con los corsarios de Berbería.

Antes de 1801, Estados Unidos y otras potencias europeas negociaban tratados de extorsión y pagaban tributo a los Estados berberiscos del norte de África (Trípoli, Argel, Marruecos y Túnez), y a cambio éstos les garantizaban el tránsito seguro de sus buques mercantes a través del Mediterráneo. Ese año, el pachá de Trípoli se negó a cumplir el tratado con Estados Unidos y declaró la guerra.

El presidente Thomas Jefferson envió la escuadra del Mediterráneo de la armada, y la demostración de fuerza de Estados Unidos convenció a los demás Estados berberiscos para no apoyar al pachá de Trípoli y sus exigencias de pago de rescates y tributo. La escuadra de Jefferson incluía a tres masones en puestos de mando: el comodoro Edward Preble, William Eaton y Stephen Decatur.

Nombrado guardia marina en 1798, Stephen Decatur sirvió en las Antillas durante el conato de guerra contra Francia durante el período 1798-1800. En la Guerra de Trípoli, Decatur condujo a un reducido grupo de marineros al puerto de Trípoli el 16 de febrero de 1804. Allí abordaron e incendiaron la fragata americana capturada *Philadelphia* antes de escapar con un solo hombre herido. El almirante británico Horacio Nelson aclamó la hazaña como «la más intrépida y osada de la época», y Decatur fue ascendido a capitán.

Decatur volvió a distinguirse en la Guerra de 1812. A bordo de la fragata *United States* venció a la fragata británica *Macedonian* el 25 de octubre de 1812 en lo que se considera uno de los combates individuales más famosos de la guerra. Posteriormente fue incapaz de abandonar las aguas americanas debido al bloqueo británico. Cuando intentó burlar el bloqueo para salir de Nueva York en enero de 1815, su barco fue capturado por una escuadra británica.

Pero para entonces la guerra había terminado, y fue repatriado. En junio de 1815 regresó al Mediterráneo e impuso a Argelia, Túnez y Trípoli las condiciones de la paz que pondría fin a la última guerra americana con los Estados berberiscos. En un banquete en el que se celebraba el triunfo, Decatur hizo este chovinista brindis: «Por nuestro país, para que en sus relaciones con las naciones extranjeras esté siempre del lado de la razón; pero será siempre nuestro país, con la razón o sin ella». Duelista experimentado y apasionado, Decatur aceptó un desafío de James Barron, un capitán suspendido de cuyo consejo de guerra había formado parte, y murió en el duelo.

El comodoro Edward Preble, nacido el 15 agosto de 1761, procedía de Falmouth (ahora Portland, Maine). Sirvió en la armada de Massachusetts durante la Revolución americana y en la armada estadounidense durante el conato de guerra con Francia (1798-1800). En 1800, como capitán de la fragata *Essex* escoltó a un convoy de buques mercantes americanos hacia la India.

Este crucero constituyó la primera aparición de un buque de guerra estadounidense en aguas al este del cabo de Buena Esperanza. Nombrado comandante del Mediterráneo en 1803, Preble prosiguió enérgicamente la guerra contra Trípoli. Como comandante, ordenó el bloqueo de dicha ciudad, y apoyó el intrépido plan de Stephen Decatur de entrar en su puerto y quemar la fragata estadounidense capturada *Philadelphia*.

Nuestro tercer oficial en la zona, William Eaton, lanzó una campaña terrestre tras el incendio del *Philadelphia* La afortunada combinación del rescate de los cautivos, el incendio del barco capturado y, sobre todo, un ejército terrestre americano haciendo estragos por todo el Magreb norteafricano llevaron a los gobernantes de Trípoli a poner fin cuanto antes a las perniciosas actividades de los corsarios de Berbería.

En 1805 el pachá firmo un tratado de paz que exigía el pago de un rescate por los prisioneros americanos además de obsequios ocasionales, pero que ponía fin al tributo anual. Estados Unidos pagó el rescate y devolvieron a los americanos liberados a Nueva Inglaterra.

La resolución definitiva de los problemas con los Estados berberiscos llegó en 1815 cuando el Congreso, en respuesta a los ataques piratas al comercio estadounidense, le declaró la guerra a Argel. Decatur envió rápidamente una escuadra al Mediterráneo, donde impuso las condiciones americanas para la paz a Argelia y después a Túnez y Trípoli. Poco después de que Decatur abandonase Argel, la ciudad fue bombardeada por una flota anglo-holandesa a comienzos de 1816.

El pago americano de tributos y las guerras intermitentes con los Estados berberiscos llegaron a su fin, y Estados Unidos estableció una escuadra naval permanente en el Mediterráneo. Hoy en día —curiosidades del destino—, el contingente naval americano en el Mediterráneo constituye la armada más grande de la región.

Y así se cierra el círculo que comenzamos con los antiguos navegantes y que continuamos con los primeros tiempos de la piratería en la época de los fenicios y a través de la flota perdida de los templarios hasta llegar a los piratas masónicos que crearon Estados Unidos y su magnífica armada.

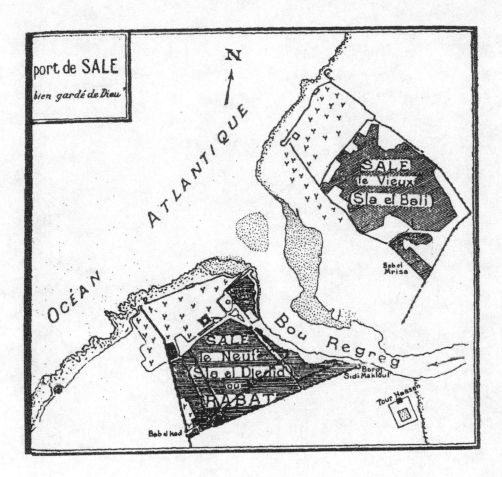

La utopía pirata independiente de Salé, en Marruecos.

BIBLIOGRAFÍA

1. *El enigma sagrado,* Michael Baigent, Richard Leigh y Henry Lincoln, Ediciones Martínez Roca, Madrid, 2001.
2. *El legado mesiánico: ¿hubo más de un Cristo?,* Michael Baigent, Richard Leigh y Henry Lincoln, Ediciones Martínez Roca, Madrid, 2005.
3. *Masones y templarios,* Michael Baigent y Richard Leigh, Ediciones Martínez Roca, Madrid, 2005.
4. *Irish druids and old irish religions,* James Bonwick, Dorset, 1894. Reedición: 1986.
5. *Irish symbols of 3500 B.C.,* N. L. Thomas, Mericer Press, Dublín, 1988.
6. *The history of the knights templars,* Charles G. Addison, Londres, 1842. Reedición: Adventures Unlimited Press, Kempton, Illinois.
7. *Sociedades secretas,* Arkon Daraul, Ediciones Géminis, Barcelona, 1969.
8. *El enigma de la catedral de Chartres,* Louis Charpentier, Martínez Roca, Madrid, 2002.
9. *Holy Grail across the Atlantic,* Michael Bradley, Hounslow Press, Willowdale, Ontario, 1988.
10. *The Columbus conspiracy,* Michael Bradley, A & B Publishers, Brooklyn, 1992.
11. *Prince Henry Sinclair,* Frederick Pohl, Clarkson Potter Publisher, Nueva York, 1974.

12. *La espada y el Grial,* Andrew Sinclair, Editorial Edaf, Madrid, 1994.

13. *The templar legacy & the masonic inheritance within Rosslyn chapel,* Tim Wallace-Murphy, Friends of Rosslyn, Rosslyn, Escocia, 1993.

14. *Oak Island gold,* William S. Crooker, Nimbus Publishing, Halifax, Nueva Escocia, 1993.

15. *Tracking treasure,* William S. Crooker, Nimbus Publishing, Halifax, Nueva Escocia, 1998.

16. *America BC,* Barry Fell, Demeter Press, Nueva York, 1976.

17. *El cazador de piratas,* Richard Zacks, Lumen, Barcelona, 2003.

18. *The templars, knights of God,* Edward Burman, Destiny Books, Rochester, Vermont, 1986.

19. *Lost cities of North & Central America,* David Hatcher Childress, Adventures Unlimited Press, Kempton, Illinois, 1992.

20. *El mejor botín de todos los océanos: la trágica captura de un galeón español en el siglo XVIII,* Glyn Williams, Turner, Madrid, 2002.

21. *The search for the stone of destiny,* Pat Gerber, Canongate Press, Edimburgo, 1992.

22. *El asesinato de los magos: los templarios y su mito,* Peter Partner, Ediciones Martínez Roca, Madrid, 1987.

23. *The knights templar,* Steven Howarth, MacMIllan Publishing, Nueva York, 1982.

24. *Under the black flag,* David Cordingly, Harcourt Brace & Co., Nueva York, 1995.

25. *La herencia del Santo Grial: la historia secreta de los hijos de Jesús,* Laurence Gardner, Grijalbo Mondadori, Barcelona, 2001.

26. *Genesis of the Grail kings,* Laurence Gardner, Element Books, Londres, 1998.

27. *Realm of the ring lords,* Laurence Gardner, Media Quest, Londres, 2000.

28. *King Solomon's temple,* E. Raymond Capt, Artisan Sales, Thousand Oaks, California, 1979.

29. *A general history of pirates,* Captain Charles Johnson, Lyons Press, Nueva York, 1998 (reedición).

30. *Secrets of the lost races*, Rene Noorbergen, Barnes & Noble Publishers, Nueva York, 1977.

31. *Plato prehistorian,* Mary Settegast, Lindisfarne Press, Hudson, Nueva York, 1990.

32. *Pirate utopias: moorish corsairs & european renegadoes,* Peter Lamborn Wilson, Autonomedia, Brooklyn, Nueva York, 1995.

33. *The templar's legacy in Montreal, the New Jerusalem,* Francine Bernier, Frontier Publishing, Enkhuizen y Adventures Unlimited, Kempton, Illinois, 2001.

34. *Templarios y hashashins,* James Wasserman, Ediciones Martínez Roca, Madrid, 2002.

35. *Homer's secret Illiad,* Florence y Kenneth Wood, John Murray Co., Londres, 1999.

36. *Maps of the ancient sea kings,* Charles Hapgood, Adventures Unlimited Press, Kempton, Illinois, 1970.

37. *Sources of the Grail,* John Matthews, Floris Publishers, Edimburgo, 1996.

38. *The templar treasure at Gisors,* Jean Markale, Inner Traditions, Rochester, Vermont, 2003.

39. *El hombre primitivo y el océano,* Thor Heyerdahl, Editorial Juventud, Barcelona, 1983.

40. *Sailing to paradise, the discovery of the Americas by 7000 B.C.,* Jim Bailey, Simon & Schuster, Nueva York, 1994.

41. *The Holy Land of Scotland,* Barry Dunford, Sacred Conection, Perthshire, Escocia, 1996.

42. *Mazmorra, hoguera y espada,* John A. Robinson, Planeta, Barcelona, 1994.

43. *Pirates, privateers, and rebel raiders,* Lindley S. Butler, University of North Carolina Press, Chapel Hill, 2000.

44. *The lost treasure of the knights templar,* Steven Sora, Inner Traditions, Rochester, Vermont, 1999.

45. *Kingdom of the Ark,* Lorraine Evans, Simon & Schuster, Londres, 2000.

46. *The merovingian kingdoms 450-751,* Ian Wood, Longman, Essex, 1994.

47. *La revelación de los templarios,* Lynn Picknett y Clive Prince, Ediciones Martínez Roca, Madrid, 2004.

48. *The knights of the order,* Ernle Bradford, Barnes & Noble, Nueva York, 1972.

49. *6.000 years of seafaring,* Orville Hope, Hope Press, Gastonia, Carolina del Norte, 1983.

50. *America's ancient treasures,* Franklin & Mary Folsom, University of New Mexico Press, Alburquerque, 1971.

51. *Conquest by man,* Paul Herrmann, Souvenir Press, Londres, 1974.

52. *They all discovered America,* Boland, Doubleday, Nueva York, 1961.

53. *Men who dared the sea,* Gardner Soule, Thomas Crowell Co., Nueva York, 1976.

54. *Technology in the ancient world,* Henry Hodges, Marlboro Books, Londres, 1970.

55. *Rosslyn: guardians of the secrets of the Holy Grail,* Tim Wallace-Murphy, Element Books, Londres, 1999.

56. *Bucaneros de América,* Alexander O. Exquemelin, Valdemar, Madrid, 1999.

57. *Under the black flag,* Don C. Seitz, Dial Press, Nueva York, 1925.

58. *Pirates and buccaneers,* Peter F. Copeland, Dover Publications, Nueva York, 1977.

59. *1421: el año en que China descubrió el mundo,* Gavin Menzies, Grijalbo, Barcelona, 2003.

60. *Saga America,* Barry Fell, New York Times Books, Nueva York, 1980.

61. *Lost cities & ancient mysteries of South America,* David Hatcher Childress, AUP, Kempton, Illinois, 1987.

62. *Lost cities & ancient mysteries of Africa & Arabia,* David Hatcher Childress, AUP, Kempton, Illinois, 1990.

63. *Lost cities of North & Central America,* David Hatcher Childress, AUP, Kempton, Illinois, 1994.

64. *Atlantic crossings before Columbus,* Frederick Pohl, Norton, Nueva York, 1961.

65. *Pale ink,* Henriette Mertz, Swallow Press, Chicago, 1953 (1972, 2ª edición).

66. *Atlantis, dwelling place of the gods,* Henriette Mertz, Swallow Press, Chicago, 1972.

67. *The wine dark sea,* Henriette Mertz, Swallow Press, Chicago, 1964.

68. *The mystic symbol,* Henriette Mertz, Global Books, Chicago, 1986.

69. *Bronze age America,* Barry Fell, Little Brown & Co., Boston, 1982.

70. *Viking explorers & the Columbus fraud,* Wilford Raymond Anderson, Valhalla Press, Chicago, 1981.

71. *El almirante de la mar océano,* Samuel Eliot Morison, Fondo de Cultura Económica, México, 1991.

72. *Operación Nuevo Mundo: la misión secreta de Cristóbal Colón,* Ediciones Martínez Roca, Madrid, 1992.

73. *Encyclopedia Britannica,* edición de 1973, volumen 6.

74. *Universal Jewish Encyclopedia,* edición de 1969, volumen 3.

75. *Ciudades sepultadas,* Hermann & Georg Schreiber, Casa Provincial de Caridad, Barcelona, 1961.

76. *Legendary islands of the Atlantic,* Wiliam Babcock, Nueva York, 1922.

77 *Hidden worlds,* Van der Meer & Moerman, Souvenir Press, Londres, 1974.

78. *Mysterious America,* Loren Coleman, Faber & Faber, Londres & Boston, 1983.

79. *Calalus,* Cyclone Covey, Vantage Press, Nueva York, 1975.

80. *No longer on the map,* Raymond H. Ramsay, Viking, Nueva York, 1972.

81. *El mundo de lo insólito y lo inverosímil*, Charles Berlitz, Fawcett, Nueva York, 1991.

82. *Masonic membership of the founding fathers,* Ronald E. Heaton, Masonic Service Association, Silver Spring, Maryland, 1965.

83. *The stone puzzle of Rosslyn Chapel,* Philip Coppens, Frontier Publishing, Enkhuizen y Adventures Unlimited, Kempton, Illinois, 2002.

84. *Piracy in the ancient world,* Henry A. Ormerod, University of Liverpool Press, 1924.

85. *Buccaneers and pirates of our coasts,* Frank R. Stockton, Looking Glass Library, Nueva York, 1896.

86. *When China ruled the seas,* Louise Levathes, Simon & Schuster, Nueva York, 1994.

87. *Men out of Asia,* Harold Gladwin, McGraw-Hill, Nueva York, 1947.
88. *Engineering in the ancient world,* J. G. Landels, University of California Press, Berkeley, 1978.
89. *Archaeology beneath the sea,* George F. Bass, Walker & Co., Nueva York, 1975.
90. *Cities in the sea,* Nichols C. Fleming, Doubleday & Co., Garden City, Nueva Jersey, 1971.
91. *4.000 years under the sea,* Philippe Diolé, Julian Messner Inc., Nueva York, 1952.
92. *Did the phoenicians discover America?,* Thomas Johnston, James Nesbit & Co., Londres, 1913.
93. *Lo que dijo verdaderamente la Biblia,* Manfred Barthel, Ediciones Martínez Roca, Madrid, 1982.
94. *Secrets of the Bible seas,* Alexander Flinder, Severn House Publishers, Londres, 1985.
95. *Las ciudades perdidas de Lemuria,* David Hatcher Childress, América Ibérica, Madrid, 1994.
96. *Riddles in history,* Cyrus H. Gordon, Crown Publishers, Nueva York, 1974.
97. *Lost worlds,* Alistair Service, Arco Publishing, Nueva York, 1981.
98. *The wold's last mysteries,* Readers Digest, Pleasantville, Nueva York, 1976.
99. *Grolier Multimedia Encyclopedia,* Danbury, Connecticut, 1997.
100. *European treaties bearing on the history of the United States and its dependencies to 1648,* Frances Gardiner Davenport, ed., 1917, en Internet.

NOTAS

* N. del T.: «Barcos y embarcaciones de Egipto».
* N. del T.: Término sarcástico que hace referencia a los estudiosos con *PHDs* o títulos de doctorado.
* N. del T.: Dicha creencia es de aplicación en los países anglosajones. Para los países de habla hispana, el día funesto es el martes 13.
* N. del T.: *Jolly*, en inglés, significa «jovial, alegre».
* N. del T.: La *Union Jack* es la bandera del Reino Unido, y está compuesta por tres cruces: la de San Jorge (Inglaterra), la de San Andrés (Escocia) y la de San Patricio (Irlanda).
* N. del T.: *Oak* en inglés.
* N. del T.: Estratagema empleada para sorprender al enemigo.
* N. del T.: Las Guerras Púnicas fueron tres: primera (264-241 a.C.), segunda (218-201 a.C.) y tercera (149-146 a.C.)

HISTORIA incógnita

EL GRIAL SECRETO DE LOS MEROVINGIOS

Autor: Carlos Cagigal, Alfredo Ros

Título: **El Grial Secreto de los Merovingios**

Subtitulo: *La supervivencia de la Sangre Real*

ISBN: **84-9763-207-9**

Encuadernación: **Rústica con solapas**

Páginas: **248**

P.V.P.: **9,60 €**

Bienvenido a algunos de los más excitantes y controvertidos pasajes de la historia universal. En *El Grial Secreto de los Merovingios* encontrará un estudio histórico inédito, basado en líneas de investigación totalmente nuevas y en fuentes y documentos de época, que aportan sorprendentes datos desconocidos hasta ahora sobre la dinastía Merovingia, Jesús de Nazaret y su posible descendencia, y el enigma del Santo Grial. La investigación de Carlos Cagigal y Alfredo Ros cambiará su visión de la historia. Hasta ahora todo eran hipótesis, con *El Grial Secreto de los Merovingios* llegan las pruebas históricas.

LAS CLAVES DE ÁNGELES Y DEMONIOS

Guía ilustrada para desvelar los enigmas de los Illuminati, los misterios del Vaticano, Galileo, Bernini y la ciencia "divina".

Autor: **Philippe Darwin**
Código Nowtilus: **0605001011**
ISBN: **84-9763-217-6**
EAN: **978-849763217-1**
Formato: **17x23,5**
Encuadernación: **Rústica con solapas**
Páginas: **232**
Colores: **b/n**
P.V.P. Recomendado: **11,95 €**

Illuminati, cónclaves vaticanos, bombas de antimateria, ambigramas, asesinos milenarios, la lucha entre ciencia y religión durante la historia… Todos los elementos del best-seller internacional de Dan Brown quedan desgranados en esta amena guía ilustrada que descubrirá a aficionados a la novela y a lectores que la desconocen, que la realidad siempre supera a la ficción.